旅游高等职业院校精品课程系列教材

旅游大数据 分析与可视化

LÜYOU DASHUJU FENXI YU KESHIHUA

吕春丽　郑健江 / 主　编
梁　赞　吴安顺 / 副主编

中国旅游出版社

随着信息技术的飞速发展，大数据已成为推动各行业创新与转型的关键力量。在旅游领域，这一趋势尤为显著。近年来，文化和旅游部出台了《国内旅游提升计划（2023—2025年）》等一系列政策，旨在推动文化旅游产业高质量发展，实现文化与旅游的深度融合。在此背景下，大数据技术在旅游行业的应用日益受到重视，成为推动旅游业转型升级的关键因素。

本书正是在这样的背景下应运而生。本书以 Windows 10+Anaconda 为运行环境，深入探讨 Python 在旅游大数据领域的应用，以期为广大读者提供更为高效的数据分析手段。

全书共七个项目，项目一主要对旅游大数据分析进行概述，并且介绍了 Python 环境搭建。

项目二介绍使用 Pandas 处理旅游业务数据的相关知识，涉及 Pandas 的数据结构，Series 和 DataFrame 的创建和访问，DataFrame 对象数据的基本操作、数据排序与统计和读取外部数据与存储文件操作。

项目三介绍使用 NumPy 处理旅游数据业务数据的相关知识，涉及 NumPy 数组的创建、数组的运算、访问与转换、基本操作，数组的排序与统计分析。

项目四、五、六均为数据可视化的相关内容，其中项目四为使用 Matplotlib 可视化旅游业务数据，项目五为使用 Seaborn 可视化旅游业务数据，项目六为使用 WordCloud 和 Jieba 可视化旅游业务数据。

项目七为综合实战，即使用 Python 完成旅游数据分析与可视化，内容主要为数据读取、拆分、筛选、及排序，最后对处理后的数据进行可视化，分别采用条形图和饼图实现。

本书以实战为导向，结合旅游行业典型案例，讲解 Python 在旅游大数据分析中的具体应用。书中所有程序代码均实际运行正确，内容通俗易懂，适用于对数据分析感兴趣的初学者及旅游从业者。

由于作者水平有限，书中难免存在疏漏和不足之处，敬请读者批评指正。

目 录

Contents

项目一　旅游大数据分析概述与环境搭建

◆ **知识目标**

1. 能描述旅游大数据分析的概念及其应用场合。
2. 能概述旅游大数据分析的一般流程。
3. 能说出常用的数据分析工具。
4. 能说出 Python 语言的特点及优势。

◆ **能力目标**

1. 能运用旅游大数据分析的基本流程进行数据分析。
2. 能搭建 Python 数据分析环境。

◆ **素质目标**

1. 通过学习旅游大数据的概念及应用场合，培养对旅游大数据分析的兴趣和敏感性，提高数据驱动决策的意识。
2. 通过学习搭建 Python 数据分析环境，增强自主学习、动手操作和解决问题的能力。

任务一　认识旅游大数据分析

| 任务导入 |

现代生活中，数据随时都在产生。小肖是一名在校大学生，他的理想是成为旅游行业的一名数据分析师，为了以后找到理想的工作，他需要了解旅游大数据分析及应用场景和旅游大数据分析的流程及常用的数据分析工具。任务要求如下：

1. 会描述旅游大数据分析的流程。

2. 知道常用的数据分析工具。

（一）数据分析及应用

数据分析是指运用统计学、机器学习、数据挖掘等方法，对收集到的数据进行处理、分析、解释和可视化，从而发现数据背后的信息、趋势、模式或关联性，为决策提供支持。

当今数字时代，海量的数据涌出，人们需要从海量的数据中挑出有用的数据，就需要对数据进行分析，所以数据分析就应用到生活中的方方面面，如金融业、制造业、大型商业超市、旅游业等，具体应用如图1-1所示。

（二）旅游大数据分析及应用

旅游大数据分析是数据分析在旅游行业的应用，主要针对旅游行业的消费者行为、偏好、旅游产品、市场趋势等方面进行深度挖掘。通过分析旅游数据，可以帮助旅游企业或旅游管理部门了解旅游市场的现状和趋势，优化产品设计，提升服务质量，制定有效的市场推广策略。

随着人们生活水平的提高和生活质量的提升，越来越多的人和家庭每年会游览不同的景区，随之产生大量的旅游数据，因此，数据分析在旅游行业的应用至关重要，图1-2所示是数据分析在旅游行业中的具体应用场景。

1. 旅游需求预测

预订趋势分析：通过分析历史预订数据，预测未来的旅游需求，帮助旅游企业和在线旅行社（OTA）优化库存和定价策略。

季节性需求调整：识别旅游季节性变化，提前调整营销策略和资源分配，以满足不同季节的旅游需求。

2. 游客行为分析

个性化推荐：通过分析游客的消费行为、兴趣偏好等数据，对目标客户进行精准定位，推送个性化的旅游产品和服务信息。

市场细分：根据游客的年龄、性别、地域等数据，进行市场细分，制订针对性的营销计划。

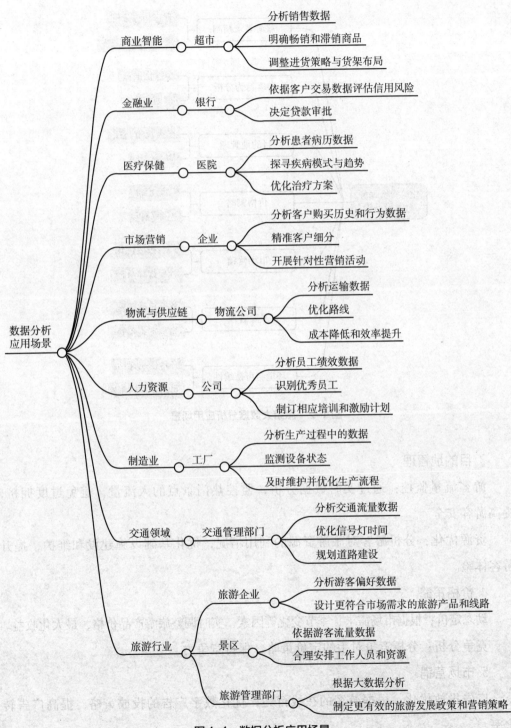

图1-1 数据分析应用场景

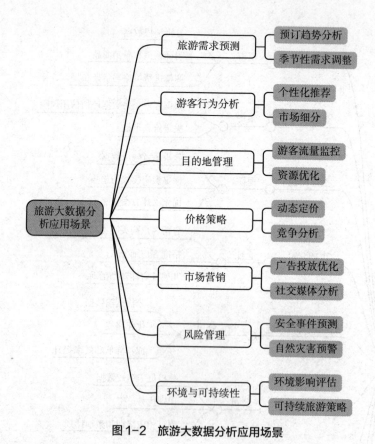

图1-2 旅游大数据分析应用场景

3. 目的地管理

游客流量监控：通过实时数据分析，监控热门景点的人流量，避免过度拥挤，提高游客安全。

资源优化：分析游客对旅游资源的利用情况，优化基础设施建设和维护，提升游客体验。

4. 价格策略

动态定价：根据市场需求、季节变化等因素，实时调整旅游产品价格，最大化收益。

竞争分析：分析竞争对手的定价策略，保持竞争力。

5. 市场营销

广告投放优化：根据游客的在线行为，优化数字广告的投放策略，提高广告转化率。

社交媒体分析：监控社交媒体上的旅游相关讨论，了解游客情绪，提升品牌形象。

6. 风险管理

安全事件预测：通过分析历史安全事件数据，预测可能的安全风险，如在重大节假日或活动期间，通过大数据分析保障游客的安全和秩序。

自然灾害预警：结合气象数据和旅游计划，提前向游客发出自然灾害预警，保障游客安全。

7. 环境与可持续性

环境影响评估：通过数据分析，评估旅游活动对环境的影响，制定环境保护措施。

可持续旅游策略：利用数据分析推动可持续旅游实践，平衡经济发展和环境保护。

通过对旅游大数据分析，旅游行业能够提升运营效率，增强客户满意度，优化资源配置，以及提高行业竞争力。所以，数据分析已经成为旅游业决策和创新的重要工具。

| 任务实施 |

1. 旅游大数据分析的流程

结合数据分析的一般流程，旅游大数据分析通常遵循以下步骤。

（1）明确目标和问题。在对旅游数据分析之前，需要明确分析的目标和要解决的关键问题，如目标是提升客户满意度、优化定价策略、预测旅游需求等。

（2）旅游数据采集。从各种渠道收集与旅游相关的数据，这些数据可以来自线下的渠道，如酒店预订系统、机场旅客统计等，也可以来自互联网和社交媒体平台，如在线旅游网站、社交媒体评论等。数据的质量和完整性对分析结果有重要影响，因此需要注意数据的准确性和可靠性。

（3）数据清洗和处理。在收集到数据后，需要进行数据清洗和处理。这包括去除重复值、处理缺失值、处理异常值等，以确保数据的准确性和完整性。此外，还需要对数据进行标准化和格式转换，以便后续的分析。

（4）旅游数据分析。在数据清洗和处理完成后，可以进行旅游数据的分析。这包括使用统计技术、机器学习算法和数据挖掘工具，识别数据中的模式、趋势和相关性。同时，可以进行探索性数据分析（EDA），以理解数据的特征、分布以及任何潜在的关联。

（5）结果呈现。将数据分析的结果以图表、表格、文字等方式进行可视化呈现，以便更直观地表述想要呈现的信息、观点和建议。这有助于决策者和相关人员更好地理解分析结果。

（6）结果解释。通过解释分析结果，提炼出对旅游业务有价值的洞察。并根据分析结果评估之前的需求定义和假设，进行验证或修正。

（7）决策应用。根据分析结果制订相应的业务策略和行动计划。并将分析结果应用到实际操作中，如调整旅游营销策略、提升游客服务体验等。

（8）持续优化和改进。旅游大数据分析不是一次性的工作，而是需要进行持续优化和改进的过程。根据分析结果和应用反馈，可以不断调整和优化数据分析的流程和方法，以提高分析的准确性和效率。

总之，旅游大数据分析的步骤包括明确目标和问题、数据采集、数据清洗和处理、数据分析、结果呈现、结果解释、决策应用以及持续优化和改进等阶段。这些阶段相互关联、相互依存，共同构成了完整的旅游大数据分析流程。

2. 常用的数据分析工具

数据分析工具对于旅游大数据分析来说，尤为重要。下面介绍六种常用的数据分析工具。

（1）Excel 电子表格。Excel 是微软公司开发的一款电子表格软件，拥有强大的数据处理、分析和可视化功能。它提供了数据透视表、图表、公式和函数等多种工具，可以方便地进行数据清洗、转换、计算和可视化等操作。

对新学者来说，容易上手，操作简便，功能强大，能够满足大多数数据分析的基本需求。对于大规模的数据处理和分析，Excel 可能会显得"心有余而力不足"，性能上可能不如其他专业工具，同时，Excel 在数据可视化和交互性方面也存在一定的局限性。

（2）Python 语言。Python 是一种全能型高级编程语言，拥有丰富的数据分析库和工具，如 NumPy、Pandas、Matplotlib 和 Scikit-learn 等。Python 的数据处理和分析能力强大，适用于各种规模的数据集。

Python 语言的灵活性高，可以自定义各种数据分析方法和模型。它拥有庞大的社区和丰富的资源，可以快速找到解决方案。此外，Python 的语法简洁易读，学习成本相对较低。对于初学者来说一些基础语法可能需要一定的时间和精力来掌握。

（3）R 语言。R 是一种专门针对统计分析和可视化的编程语言，拥有强大的统计分析功能和丰富的可视化工具。R 在数据科学领域有广泛的应用。

R 的统计分析功能强大，内置了大量的统计方法和模型。它的可视化工具丰富多样，可以满足各种数据可视化的需求。R 的社区活跃，资源丰富，可以方便地获取帮助和支持。但是 R 的语法可能对于初学者来说比较难以掌握。它的性能可能不如其他一些工具，特别是在处理大规模数据集时。而且 R 的图形用户界面（GUI）相对较弱，可能需要借助其他工具来实现更好的交互性。

（4）SQL 语句。SQL 是结构化查询语言，主要用于数据库中的数据检索和分析。它能够快速处理大量数据，支持复杂的数据操作和查询。但是语法相对复杂，主要用于关系型数据库，对非结构化数据支持有限。

（5）Tableau。Tableau 是一款数据可视化工具，它能够将数据转化为图表和图形，专注于数据可视化的桌面和网络应用，允许用户创建交互式和可共享的仪表板。适合进行数据的探索和报告。Tableau 支持多种数据源，可以连接到各种数据库和文件格式。

（6）Power BI。Power BI 是由微软公司开发的一款商业智能工具，它能够连接多种数据源，支持从多个数据源中提取数据，进行数据清洗、转换和建模，并且生成交互式的报表和仪表板。

数据分析工具有许多种，每种数据分析工具都有自己的特点和优缺点，选择哪种工具取决于具体的数据分析需求、个人技能和预算等因素。在实际应用中，可以根据需要选择一种或多种工具来组合使用，以达到最佳的数据分析效果。

根据数据分析工具的不同特点，本书选择采用 Python 语言进行旅游大数据分析。

如统计某旅游景区 4 月 1 日至 10 日的游客总人数，假设这 10 天的游客人数为（10，20，30，40，50，60，70，80，90，100）。

在 Python 中实现，代码及运行结果如下：

```
data = [10, 20, 30, 40, 50, 60, 70, 80, 90, 100]
total_sum = sum(data)
print(total_sum)
运行结果为：550
```

| 拓展练习 |

1. 概括旅游大数据分析的一般流程。

2. 总结常用数据分析工具的优缺点。

任务二 搭建 Python 数据分析环境

| 任务导入 |

小肖同学熟悉了旅游大数据分析的相关内容后，现在他需要为后期的数据分析搭建运行环境。在 Python 安装和配置时，要注意软件许可协议和版权问题，尊重他人知识产权。同时，培养学习者的严谨态度和细致作风，为后续的数据分析学习打下坚实基础。任务要求如下：

能够独立搭建 Python 数据分析开发环境。

（一）初识 Python

Python 是一种高级的、解释型的编程语言，由 Guido van Rossum 创建，并在 1991 年首次发布。它以其简洁明了的语法和强大的标准库而闻名。Python 支持多种编程范式，包括面向对象、命令式、函数式和过程式编程。

以下是 Python 语言的一些关键特点。

（1）简洁易读：Python 的设计哲学强调代码的可读性和简洁性。它使用类似英语的关键字，使得新手更容易理解和学习。

（2）可扩展性：Python 允许嵌入 C 语言和 C++ 代码，使得它能够快速执行计算密集型任务。

（3）开源：Python 是开源的，拥有活跃的社区，这意味着它有大量的第三方库和框架，可以用于各种应用开发。

（4）跨平台：Python 可以在多种操作系统上运行，包括 Windows、Mac OS X、Linux 等。

（5）多用途：Python 广泛应用于 Web 开发、自动化、数据分析、机器学习、科学计算等领域。

（6）面向对象：Python 支持面向对象编程，允许程序员定义类和对象，以及继承和多态性。

（7）强大的标准库：Python 有一个庞大的标准库，提供了许多用于日常编程任务的模块和包。

（8）异常处理：Python 提供了一套完整的异常处理框架，使错误处理更加方便。

（9）交互式编程：Python 提供了交互式解释器，允许用户在不编写完整程序的情况下测试和调试代码。

（10）易于维护：Python 的代码通常更短，且易于维护和更新。

Python 是一种功能强大、易于学习和使用的编程语言，适用于各种应用场景。Python 的这些特性使其成为初学者和专业开发者都喜爱的编程语言之一。随着数据科学和机器学习领域的兴起，Python 的流行度更是不断增加。在 2024 年 9 月编程语言排行榜中，Python 仍然位居第一，如图 1-3 所示。

Apr 2024	Apr 2023	Change	Programming Language	Ratings	Change
1	1		Python	16.41%	+1.90%
2	2		C	10.21%	-4.20%
3	4	^	C++	9.76%	-3.20%
4	3	v	Java	8.94%	-4.29%
5	5		C#	6.77%	-1.44%
6	7	^	JavaScript	2.89%	+0.79%
7	10	^	Go	1.85%	+0.57%
8	6	v	Visual Basic	1.70%	-2.70%
9	8	v	SQL	1.61%	-0.06%
10	20	☆	Fortran	1.47%	+0.88%

图 1-3　2024 年 9 月编程语言前 10 排行榜

（二）什么是 Anaconda

Anaconda 是一个开源的跨平台 Python 发行版本，支持 Windows、Mac OS 和

Linux 操作系统。它集成了大量用于数据科学和机器学习的工具和库，如 NumPy、Pandas、Scikit-learn 等，为数据分析和科学计算提供了极大的便利。

与其他环境搭建工具相比，Anaconda 的优势主要体现在：

（1）强大的包管理器：Anaconda 附带的 conda 包管理器可以方便地安装、升级和管理 Python 包，解决了包依赖关系的问题。

（2）灵活的环境管理：Anaconda 可以创建和管理多个独立的 Python 环境，使得在不同项目中使用不同版本的 Python 和库变得简单。这对于数据科学和机器学习项目来说尤为重要，因为不同的项目可能需要使用不同的 Python 版本和库版本。

（3）跨平台支持：Anaconda 可以在多种操作系统上运行，使得用户可以在不同平台上使用相同的环境和工具，提高了工作效率和通用性。

| 任务实施 |

1. Python 环境搭建

搭建 Python 环境是进行 Python 数据分析的第一步。本任务主要介绍两种 Python 环境搭建方式：一是 Python 官方安装包；二是使用 Anaconda 来搭建。

（1）使用 Python 官方安装包。步骤 1，下载 Python 安装包

访问 Python 官方网站（https://www.python.org），点击 Downloads，见图 1-4 所示，根据操作系统选择合适的 Python 版本进行下载，见图 1-5 所示。

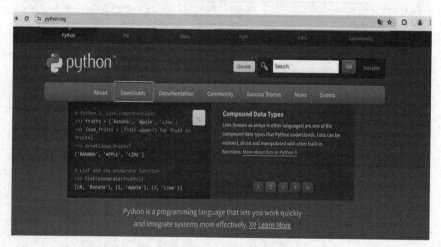

图 1-4　Python 官网下载位置

图1-5　选择合适的 Python 安装包

步骤 2，安装 Python

对于 Windows 系统，下载的是一个可执行的安装程序（.exe），双击图标即可运行，在图 1-6 所示中，一定要勾选 Add python.exe to PATH，这样可以将 Python 安装路径添加到环境变量中，安装完成后无须再手动配置环境变量。然后点击 Install Now，并遵循安装向导进行安装。

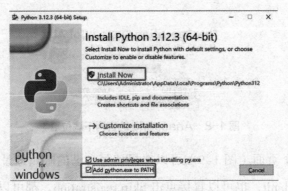

图1-6　Python 安装界面

步骤 3，验证安装

打开终端或命令提示符，输入 python 命令来验证 Python 是否正确安装，如图 1-7 所示，表示 Python 安装成功。

图1-7　验证 Python 安装成功界面

2. 使用 Anaconda 搭建环境

（1）Anaconda 的下载及安装。步骤 1，打开 Anaconda 的官方网站（https://www.anaconda.com/）。如图 1-8 所示，点击 Download Now，即可跳转到下一页。

图1-8　Anaconda 的官网下载位置

步骤 2，在这个页面（图 1-9）可以选择填写自己的邮箱地址，并勾选同意接收邮件，然后点击 Submit，也可以直接点击 Skip registration，都可以进入下一页面。

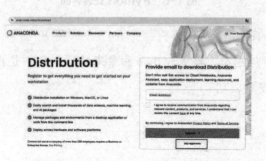

图1-9　下载 Anaconda 的中间过程

步骤 3，根据自己的操作系统，选择适合的安装包下载，本教材以 Windows 系统为例，具体选择如图 1–10 所示。点击下载链接后，浏览器将开始下载 Anaconda 的安装程序。下载完成后，可以在浏览器的下载管理器或系统的下载文件夹中找到该 .exe 文件。

图 1-10 选择适合 Windows 的 Anaconda 安装程序

步骤 4，Anaconda 的安装，找到刚下载的文件 Anaconda3–2024.02–1–Windows–x86_64.exe，双击该文件，即可开始安装，按照安装向导的指示完成安装。安装过程中需要同意许可协议，选择安装类型（通常是"Just Me"或"All Users"），点击 Next 按钮，再选择安装路径，可以采用默认的路径，这样不易出错，再点击 Next 按钮，出现的安装窗口会提示是否将 Anaconda 添加到环境变量中，在这个窗口将 2 个复选框都勾选，单击 Install，如图 1–11 所示的三个对话框，直到安装完成。

步骤 5，安装完成后，可以打开开始菜单，在此菜单中可以看到多了一个目录，即 Anaconda3（64–bit），如图 1–12 所示。

（2）Anaconda3（64–bit）目录介绍。从图 1–12 可以看到，该目录下有 Anaconda Navigator、Anaconda Powershell Prompt、Anaconda Prompt、Jupyter Notebook、Reset Spyder。下面将逐一介绍其功能特点。

● Anaconda Navigator

Anaconda Navigator 是 Anaconda 发行版中包含的桌面图形用户界面（GUI），可让用户在不使用命令行命令的情况下启动应用程序并轻松管理 conda 程序包、环境和通道。它的主要功能包括：

管理环境：可以创建、切换和管理不同的 Python 环境，每个环境可以安装不同

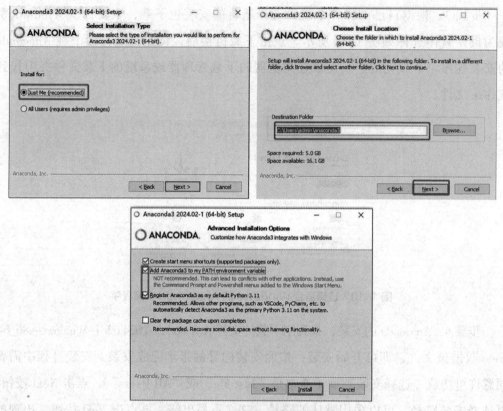

图 1-11 Anaconda 的安装界面

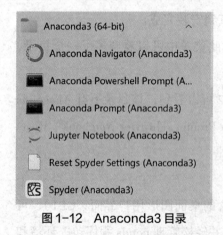

图 1-12 Anaconda3 目录

的库和工具，以避免不同项目之间的库冲突。

安装和管理包：在 Anaconda Navigator 的"Home"选项卡中，可以看到可用于安装的不同包。可以搜索并安装新包，也可以为每个环境选择特定的包。

应用程序启动：用户可以通过 Anaconda Navigator 方便地启动各种应用程序，如 Jupyter Notebook、Spyder 等集成开发环境（IDE），以及其他 Anaconda 中的工具和资源。

学习和交流：Anaconda Navigator 的"Learning"和"Community"界面提供了有关 Python 和数据科学的学习资源和交流平台，可以帮助用户更好地学习和使用 Python。

Anaconda Navigator 是一个非常方便的工具，可以帮助用户更轻松地使用 Anaconda 和 Python 进行数据科学和机器学习开发。通过其直观的图形界面和强大的功能，用户可以更加高效地管理应用程序、包和环境，提高开发效率。工作界面如图 1-13 所示。

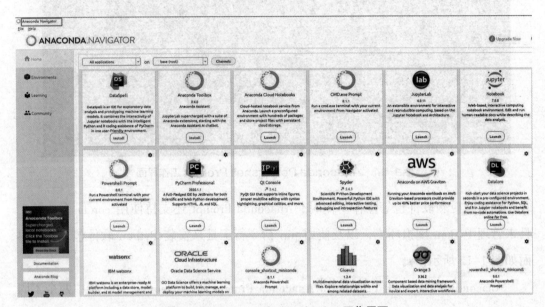

图 1-13　Anaconda Navigator 工作界面

● Anaconda Powershell Prompt

Anaconda Powershell Prompt 是 Anaconda 发行版中提供的一个 PowerShell 终端，它为 Windows 用户提供了一个集成了 Anaconda 环境和工具的命令行界面。它提供了一个基于 PowerShell 的交互式环境，方便用户管理和运行 Anaconda 中的 Python 环境和软件包。可以使用 Anaconda PowerShell Prompt 来激活和管理不同的虚拟环境，安装、更新和删除 Python 包，以及执行其他与 Anaconda 相关的任务。这个工具提供了更简单的方式来管理 Python 环境。工作界面如图 1-14 所示。

● Anaconda Prompt

Anaconda Prompt 是 Anaconda 发行版中预先安装的命令行工具，它提供了一个基于命令行的界面，用于管理和操作 Anaconda 环境中的软件包、环境变量等。通过 Anaconda Prompt，用户可以方便地创建、激活、删除、更新 Anaconda 环境，以及安

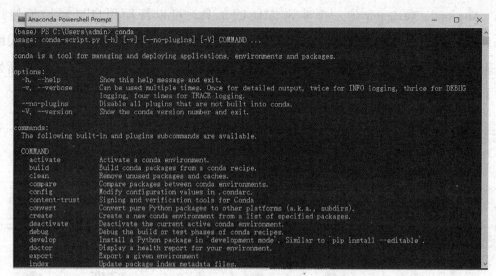

图 1-14 Anaconda Powershell Prompt 工作界面

装、卸载、更新软件包等操作。同时，Anaconda Prompt 还支持使用 conda 命令行工具来管理 Python 虚拟环境，以及使用 pip 命令行工具来安装 Python 软件包。工作界面如图 1-15 所示。

Anaconda Powershell Prompt 和 Anaconda Prompt 是 Anaconda 发行版中两个不同的命令提示符工具。它们在基础环境、命令支持、集成功能上都存在区别。

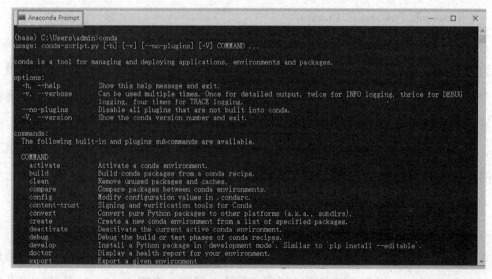

图 1-15 Anaconda Prompt 工作界面

● Jupyter Notebook

Jupyter Notebook 是一款开源的 Web 应用程序，允许用户创建和共享包含实时代码、方程、可视化和解释性文本的文档。它被广泛用于数据科学、机器学习和科学计算等领域。使用界面如图 1-16 和图 1-17 所示，它的主要功能如下：

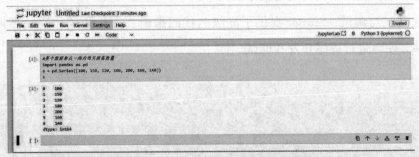

图 1-16　Jupyter Notebook 工作界面中新建笔记本 Python3

图 1-17　Jupyter Notebook 创建的笔记本 Python3 工作界面

交互式编程：允许用户以交互的方式编写和运行代码。你可以在一个单元格（cell）中编写代码，然后执行它，并立即查看结果。

数据分析：支持多种数据格式，如 CSV、Excel、SQL 等，可以方便地进行数据清洗、分析和可视化。

文档编写：可以将代码、文本、图像、视频等内容集成在一个文档中，方便记录和分享数据分析的过程和结果。

团队协作：可以将 Jupyter Notebook 文档分享给团队成员，方便团队协作和交流。

数据可视化：支持多种可视化库，如 Matplotlib、Seaborn、Plotly 等，可以方便地创建各种类型的图表。

可扩展性：支持多种编程语言，如 Python、R、Julia 等，可以根据需要扩展功能。

- Spyder

Spyder 是一个功能强大的交互式 Python 语言开发环境，特别适合科学家、数据分析师和工程师使用。使用界面如图 1-18 所示，Spyder 的主要功能如下。

集成性：Spyder 整合了许多科学计算和数据处理的库，如 NumPy、Pandas、Matplotlib 等，无须用户手动配置，提供了一个一站式的开发环境。

科学计算和数据分析：由于集成了多种科学计算和数据分析库，Spyder 用户能够轻松地进行数据处理和可视化。

面向对象的科学计算：Spyder 具备强大的面向对象的科学计算功能，允许用户以交互式和程序化的方式进行工作。

强大的编辑器：Spyder 内置了一个强大的代码编辑器，支持代码高亮、自动补全和代码导航，提高了代码编写效率。

交互测试与调试：Spyder 提供了高级的代码编辑、交互测试和调试等特性，使用户能够方便地进行程序开发和调试。

图 1-18　Spyder 的操作界面

拓展练习

1. 根据实训室电脑的性能参数，将一台电脑的数据分析环境配置为 Anaconda。

2. 简要说明 Anaconda 目录下各工具的特点。

项目二　使用 Pandas 处理旅游业务数据

◆ 知识目标

1. 能描述 Series 和 DataFrame 的定义、语法结构。

2. 能描述 Series 和 DataFrame 的创建方法。

3. 能说出通过索引和标签访问 Series 和 DataFrame 对象中的数据的方法。

4. 能描述数据排序和统计分析的基本方法。

5. 能描述使用 Pandas 读取和写入外部数据的方法。

◆ 能力目标

1. 能创建、访问和修改 Series 和 DataFrame 对象。

2. 能对数据进行排序和统计分析。

3. 能从外部数据源读取数据，并将分析结果输出到外部文件。

◆ 素质目标

1. 通过对 Pandas 的操作过程，培养严密的逻辑思维和解决问题的能力。

2. 通过动手操作，提高对数据分析工作的严谨性和责任心的职业素养。

—— 任务一　Series 对象创建与访问 ——

｜任务导入｜

小肖在收集旅游业务数据时，收集到某个旅游景点一年中每月的游客人数，1月到12月的游客人数分别为：2000，2300，1800，2100，5000，4500，3500，4000，

3000，5600，2400，1800，现在他要使用 Pandas 的数据结构 Series 对象来处理这些数据。任务要求如下：

1. 将上述数据以列表的方式，创建一个 Series 类对象，分别采用省略索引、指定索引的方法创建。

2. 将上述数据以字典的方式，创建一个 Series 类对象。

3. 访问创建的 Series 类对象，采用不同的方式访问。

4. 查看 Series 类对象的属性。

（一）什么是 Pandas

Pandas 是一个开源 Python 数据分析库，也是 Python 数据分析的必备高级工具。它提供了快速、灵活、明确的数据结构，能够简单、直观、快速地处理各种类型的数据，广泛应用在经济、统计、分析等各个领域。以下是它的数据结构和主要功能。

1. 数据结构

Series：一维标签数组，能够保存任何数据类型（整数、字符串、浮点数、Python 对象等）。它有一个轴标签（索引），你可以通过索引访问其值。

DataFrame：二维的、大小可变的、有潜在异质性类型的表格型数据结构。可以把它看成一个 Excel 表格，或者 SQL 表，或者一个字典对象，其中包含了 Series 对象。DataFrame 有行索引和列索引。

2. 主要功能

（1）数据读取和写入：Pandas 支持多种文件格式，如 CSV、Excel、SQL、JSON、HDF5 等。

（2）数据选择和过滤：你可以使用条件索引来选择或过滤 DataFrame 或 Series 中的数据。

（3）数据清洗：包括处理缺失值、重复值、数据类型转换等。

（4）数据转换：提供了一系列函数和方法来转换数据，如排序、分组、重塑等。

（5）数据合并：你可以通过连接、合并和联合操作将多个数据集合并为一个。

（6）时间序列分析：Pandas 提供了强大的时间序列功能，可以很容易地进行日期范围生成、频率转换、移动窗口统计等。

3. 使用 Pandas 进行旅游大数据分析的必要性

使用 Pandas 对旅游大数据分析，主要体现在以下几个方面：

（1）数据整合与清理：旅游数据可能有多个来源且格式不一，Pandas 可以方便地将这些数据整合到一起，并进行数据清洗，处理缺失值、异常值等，确保数据的质量。

（2）游客行为分析：通过分析游客的来源地、消费模式、游览景点偏好等信息，以 DataFrame 的形式进行组织和分析，能深入了解游客行为模式。

（3）市场趋势监测：利用时间序列相关功能，可以监测不同时间段旅游市场的变化趋势，如不同季节的游客流量变化。

（4）景区管理决策：帮助分析各个景区的游客数量、收入等关键指标，为景区的资源配置、营销推广等决策提供有力支持。

（5）旅游线路优化：根据游客在不同景点的停留时间和流动情况，对旅游线路进行优化，提升游客体验。

（6）绩效评估：对于旅游企业或景点，可以基于 Pandas 构建的数据框架来评估运营绩效，如游客满意度与各项指标的关联分析。

（二）Series 对象的创建、访问、属性

1. 创建 Series 类对象

Series 是一维标签数组，由一组数据和与之相应的轴标签组成，轴标签也称为行标签、索引。

语法格式：pandas.Series(data=None, index=None, dtype=None, name=None, copy=False, fastpath=False)

参数说明：

参数 data：表示数据源，此参数必须给定，类型可以是列表（list）、元组（tuple）、数组（array-like，如 NumPy 数组）、字典（key 会被转换为索引，value 会被转换为数据）等。

参数 index：表示索引标签，用于标识每个数据点的唯一性。该参数可以提供也可以不提供，如果不提供，Pandas 会自动创建一个从 0 开始的整数索引。索引可以是任何哈希表类型（如字符串、数字等），只要它们是唯一的。

参数 dtype：表示数据类型。该参数可以提供也可以不提供，如果提供，Pandas 会尝试将数据转换为指定的数据类型。如果转换失败，会抛出错误。如果不提供，Pandas 会根据数据自动推断数据类型。

参数 name：表示名称，用于给 Series 对象命名。这在后续的数据处理中非常有用，特别是在进行合并（merge）或连接（concatenate）操作时，可以通过名称来引用不同的 Series。

参数 copy：表示是否复制数据。默认值为 False，表示不对数据进行复制，而是直接引用原始数据。如果设置为 True，则会复制数据，这可能会增加内存使用，但在原始数据可能会被修改的情况下是有用的。

参数 fastpath：这是一个内部参数，通常不需要用户设置。默认为 False，在内部，Pandas 使用这个参数来优化性能，特别是在数据已经是 Pandas 内部数据结构（如 NumPy 数组）的情况下。

2. 访问 Series 类对象

（1）通过 Series 的位置索引访问。Series 的位置索引是从 0 开始，如 data1 为定义的一个 Series 类对象，data1[0] 表示访问的是第 1 个数，data1[1] 表示访问的是第 2 个数，假设一共有 n 个数，那么最后 1 个数的位置索引就是 n−1。

（2）通过 Series 的标签索引访问。Series 的标签索引就是指使用实际的行标签访问，如 data1 的第 1 行数据的标签为 1 月，那么 data1['1 月'] 表示访问 1 月的游客人数。

（3）通过 Series 的位置切片访问。Series 的位置切片，主要指使用位置索引获取 Series 对象中连续的数据，位置切片用 0 表示访问第 1 个数据，但是不包含索引结束位置的数据。如访问 1 月至 5 月的游客人数，可以使用 data1[0:5] 来表示。简单来说，就是包头不包尾。

（4）通过 Series 的标签切片访问。Series 的标签切片，指使用行标签获取 Series 对象中连续的数据。使用标签切片获取数据时，从哪个标签开始，就直接用该标签名称，到哪个标签结束，也是直接用该标签名称表示。如获取 1 月至 3 月的游客人数，则可以表示为 data1['1 月'：'3 月']，也可以简单地说是包头包尾。

3. Series 对象的属性

Pandas 的 Series 对象具有多个属性，这些属性提供了关于 Series 的重要信息。以下是一些常用的 Series 属性：

（1）Series.index，返回 Series 的索引标签。

（2）Series.values，返回 Series 中的数据值。

（3）Series.dtype，描述 Series 中数据的数据类型。

（4）Series.shape，返回一个元组，表示 Series 的维度，通常为 (n,)，其中 n 是 Series 的长度。

（5）Series.size，返回 Series 中的元素数量。

（6）Series.name，返回 Series 的名称（如果有的话）。

｜任务实施｜

1. 创建 Series 类对象

（1）以列表方式传入，省略索引

语法格式：pd.Series([data])

使用任务导入里 1 月到 12 月的游客人数数据（2000，2300，1800，2100，5000，4500，3500，4000，3000，5600，2400，1800），定义一个 Series 类对象，命名为 data1，代码如下：

```
# 导入 pandas
import pandas as pd
# 定义 Series 类对象
data1 = pd.Series([2000,2300,1800,2100,5000,4500,
          3500,4000,3000,5600,2400,1800])
data1
```

代码中，import pandas as pd，为导入 pandas 库，凡是程序中需要用到 pandas 库，则在代码中都需要导入此库，否则程序运行会出错。上述代码运行结果如图 2-1 所示。

从图 2-1 中可以看出，此代码使用 Pandas 创建 Series 时，省略了索引，默认情况下，索引从 0 开始。也可以根据需要指定索引。

（2）以列表方式传入，指定索引

语法格式：pd.Series([data], index=index)

现仍使用任务导入中某个旅游景点一年中每月的游客数据，在创建一个 Series 类对象时，命名为 data1，指定每个数据对应的索引为"1 月、2 月、3 月、……12 月"，代码如下：

代码中，定义 Series 类对象时，参数 index 的值为指定的索引名。

运行代码结果如图 2-2 所示。

```
Out[1]:    0     2000
           1     2300
           2     1800
           3     2100
           4     5000
           5     4500
           6     3500
           7     4000
           8     3000
           9     5600
          10     2400
          11     1800
          dtype: int64
```

图 2-1　创建 Series 的结果

```
# 导入 pandas
import pandas as pd
# 定义 Series 类对象
data1 = pd.Series([2000,2300,1800,2100,5000,4500,
        3500,4000,3000,5600,2400,1800],
        index=['1 月','2 月','3 月','4 月','5 月','6 月',
        '7 月','8 月','9 月','10 月','11 月','12 月'])
data1
```

```
Out[2]:   1 月    2000
          2 月    2300
          3 月    1800
          4 月    2100
          5 月    5000
          6 月    4500
          7 月    3500
          8 月    4000
          9 月    3000
         10 月    5600
         11 月    2400
         12 月    1800
         dtype: int64
```

图 2-2　指定索引创建 Series 结果

（3）以字典方式传入

语法格式：pd.Series({index:data})

现将任务导入中每月游客数量以字典的方式传入 Series 类对象，Series 类对象命名为 data1，代码如下：

```
# 导入 pandas
import pandas as pd
# 定义 Series 类对象
data1 = pd.Series({'1 月':2000,'2 月':2300,'3 月':1800,
        '4 月':2100,'5 月':5000,'6 月':4500,
        '7 月':3500,'8 月':4000,'9 月':3000,
        '10 月':5600,'11 月':2400,'12 月':1800})
data1
```

此代码运行后，运行结果同图 2-2，这里就不再重复。从上述语法格式和具体实现代码中可以看出，以字典的方式传入 Series 对象，index 就相当于字典的键，data

就相当于字典的值。

2. 访问 Series 对象

（1）通过 Series 的位置索引访问

现在分别访问 Series 对象 data1 中 1 月、5 月和 12 月的游客人数。代码如下：

```
In[4]:      data1[0]
   out[4]:  2000
In[5]:      data1[4]
   out[5]:  5000
In[6]:      data1[11]
   out[6]:  1800
```

从代码可以看出，访问 1 月的游客人数，位置索引为 0，访问 12 月的游客人数，位置索引为 11。上述代码是每次返回一个值。也可以将 data1 中 1 月、5 月和 12 月的游客人数在一行代码中用 print（）输出，具体代码如下：

```
In[7]: print(data1[0])
       print(data1[4])
       print(data1[11])
       2000
       5000
       1800
```

这次运行结果左侧没有显示"Out[7]："标注，因为本次运行结果是调用了函数 print（），直接将结果打印出来，没有返回任何值。

（2）通过 Series 的标签索引访问

现访问 Series 对象 data1 中 1 月、5 月和 12 月的游客人数。使用标签索引访问，代码如下：

```
In[8]:      data1['1 月 ']
   out[8]:  2000
In[9]:      data1['5 月 ']
   out[9]:  5000
In[10]:     data1['12 月 ']
   out[10]: 1800
```

也可以将 data1 中 1 月、5 月和 12 月的游客人数在一行代码中用 print（）输出，具体代码如下：

```
In[11]: print(data1['1月'])
        print(data1['5月'])
        print(data1['12月'])
        2000
        5000
        1800
```

（3）通过 Series 的位置切片访问

现使用 Series 的位置切片，访问 Series 对象 data1 中 1 月至 6 月的游客人数。代码如下：

```
data1[0:6]
```

代码运行结果如图 2-3 所示：

```
1月    2000
2月    2300
3月    1800
4月    2100
5月    5000
6月    4500
dtype: int64
```

图 2-3　访问 Series 对象 data1 的运行结果

（4）通过 Series 的标签切片访问

现仍访问 Series 对象 data1 中 1 月至 6 月的游客人数。使用 Series 的标签切片实现，代码如下：

```
data1['1月':'6月']
```

运行结果同图 2-3。

3. 获取 Series 对象的属性

现分别获取前面创建的 Series 对象 data1 的索引、数据值、元素个数和数据类型。

（1）获取 Series 对象 data1 的索引，代码如下：

```
data1.index
```

运行结果如图 2-4 所示。

```
Index(['1月', '2月', '3月', '4月', '5月', '6月', '7月', '8月', '9月', '10月', '11月',
       '12月'],
      dtype='object')
```

图 2-4　获取 data1 的索引结果

（2）获取 Series 对象 data1 的数据值，代码如下：

```
data1.values
```

运行结果如图 2-5 所示。

```
array([2000, 2300, 1800, 2100, 5000, 4500, 3500, 4000, 3000, 5600, 2400,
       1800], dtype=int64)
```

图 2-5　获取 data1 的数据值结果

（3）获取 Series 对象 data1 的元素个数，代码如下：

```
data1.size
```

运行结果如图 2-6 所示。

12

图 2-6　获取 data1 的元素个数结果

（4）获取 Series 对象 data1 的数据类型，代码如下：

```
data1.dtype
```

运行结果如图 2-7 所示。

dtype('int64')

图 2-7　获取 data1 的数据类型结果

上述代码是逐条执行，返回相应的索引、数据值、元素个数和数据类型。在索引运行结果图 2-4 中，dtype='object'，表示索引的数据类型是字符型。在数据值结果图 2-5 中，dtype=int64，表示数据的类型是整型。获取 data1 的数据类型结果也为 int64，可以得出，Series 对象 data1 的数据类型也就是指的数据值的类型。

当然，获取 Series 对象 data1 的索引数据值、元素个数和数据类型，也可以采用下面的代码：

```
print(data1.index)
print(data1.values)
print(data1.size)
print(data1.dtype)
```

运行结果如图 2-8 所示：

```
Index(['1月', '2月', '3月', '4月', '5月', '6月', '7月', '8月', '9月', '10月', '11月',
       '12月'],
      dtype='object')
[2000 2300 1800 2100 5000 4500 3500 4000 3000 5600 2400 1800]
12
int64
```

图 2-8　获取 data1 的索引、数据值、元素个数和数据类型结果

从图 2-8 可以看出，使用 print() 和直接引用属性的运行结果唯一的区别就是，获取数据值的时候，使用 print() 语句的运行结果没有显示数据类型，直接引用属性的运行结果显示的有数据类型。

｜拓展练习｜

1. 现有某旅游景点的四年游客数量的数据，即 2020 年至 2023 年，游客数量分别为 3080，3500，2460，6600。创建一个 Series 对象，用于存储某旅游景点的四年游客数量的数据。

2. 使用不同方法访问上一题创建的 Series 对象。

——— 任务二　DataFrame 对象的创建 ———

｜任务导入｜

小肖在收集景点门票数据时，收集到 4 个景点的门票数据，分别是景点 A、景点 B、景点 C、景点 D；地点分别在重庆、成都、北京、杭州；门票价格分别为 80 元、90 元、120 元、100 元；现在他要使用 pandas 的数据结构 Series 对象来处理这些数据。

任务要求如下：

1. 将上述数据以列表的方式，创建一个DataFrame对象，分别采用省略索引、指定行索引和指定列索引的方法创建。

2. 将上述数据以字典的方式，创建一个DataFrame对象，分别采用省略索引、指定列索引的方法创建。

（一）DataFrame对象的创建

DataFrame是Pandas库中的一个核心数据结构，它允许我们存储和操作表格型数据。也就是说DataFrame就是一张二维表，它由数据、行索引和列索引构成。它的创建可以通过列表、字典等方式传入。

语法格式：pandas.DataFrame(data=None, index=None, columns=None, dtype=None, copy=False)

参数说明：

参数data：用来存储在DataFrame中的数据，数据格式可以是NumPy数组、Series对象、字典、列表的列表。

参数index：指定DataFrame的行索引。如果不提供，则默认生成一个从0开始递增的整数索引。

参数columns：指定DataFrame的列标签。如果不提供，则默认为range(n)，其中n是数据的列数。

参数dtype：指定每列的数据类型。如果不提供，则将推断每列的数据类型。

参数copy：默认为False，如果为True，则复制输入数据；否则，如果输入数据在其他地方已经存在，可能不会进行复制。

｜任务实施｜

1. 通过列表方式传入，省略索引

语法格式：pd.DataFrame([[data1],[data2],……])

现将数据导入任务中（景点A、景点B、景点C、景点D；地点分别在重庆、成都、北京、杭州；门票价格分别为80元、90元、120元、100元）；作为一个列表，

创建一个 DataFrame 类对象 df1。代码如下:

```
# 导入 pandas
import pandas as pd
# 创建 DataFrame
df1 = pd.DataFrame([['景点A','重庆',80],
                    ['景点B','成都',90],
                    ['景点C','北京',120],
                    ['景点D','杭州',100]])
df1
```

运行结果如图 2-9 所示。

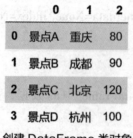

图 2-9　创建 DataFrame 类对象 df1 结果

2. 通过列表方式传入,指定列索引

语法格式:pd.DataFrame(data=[[data1],[],……],columns =[column])

从图 2-9 可以看出,行、列索引均省略时,默认都是从 0 开始编号。下面针对 4 个景点的数据,在创建 DataFrame 时,指定列索引。具体代码如下:

```
# 导入 pandas
import pandas as pd
# 创建 DataFrame,columns 指定列索引
df1 = pd.DataFrame(data = [['景点A','重庆',80],
                    ['景点B','成都',90],
                    ['景点C','北京',120],
                    ['景点D','杭州',100]],
              columns = ['景点名称','地点','门票价格'])
df1
```

运行结果如图 2-10 所示。

	景点名称	地点	门票价格
0	景点A	重庆	80
1	景点B	成都	90
2	景点C	北京	120
3	景点D	杭州	100

图 2-10　指定列索引运行结果

3. 通过列表方式传入，指定行索引

语法格式：pd.DataFrame(data=[[data1],[],……],index =[index])

在创建 DataFrame 时，可以单独指定列索引，也可以单独指定行索引，下面针对任务导入的数据，在创建 DataFrame 时，指定行索引为 "一、二、三、四"。具体代码如下：

```
# 导入 pandas
import pandas as pd
# 创建 DataFrame,index 指定行索引
df1 = pd.DataFrame(data = [['景点 A','重庆',80],
            ['景点 B','成都',90],
            ['景点 C','北京',120],
            ['景点 D','杭州',100]],
        index = ['一','二','三','四'])
df1
```

运行结果如图 2-11 所示。

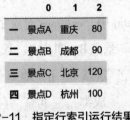

	0	1	2
一	景点A	重庆	80
二	景点B	成都	90
三	景点C	北京	120
四	景点D	杭州	100

图 2-11　指定行索引运行结果

4. 通过列表方式传入，指定列、行索引

语法格式：pd.DataFrame(data=[[data1],[],……],index =[index]，columns = [columns])

在创建 DataFrame 时，可以指定列索引，也可以指定行索引。如将上述 2 和 3 两

种创建DataFrame的方法综合在一起，在创建DataFrame时，指定行索引为"一、二、三、四"；指定列索引为"景点名称、地点、门票价格"。具体代码如下：

```
# 导入 pandas
import pandas as pd
# 创建 DataFrame, 指定行、列索引
df1 = pd.DataFrame(data = [['景点A','重庆',80],
                    ['景点B','成都',90],
                    ['景点C','北京',120],
                    ['景点D','杭州',100]],
            index = ['一','二','三','四'],
            columns =['景点名称','地点','门票价格'])
df1
```

运行结果如图 2-12 所示。

	景点名称	地点	门票价格
一	景点A	重庆	80
二	景点B	成都	90
三	景点C	北京	120
四	景点D	杭州	100

图 2-12 指定行、列索引运行结果

5. 通过字典方式传入，省略行索引

语法格式：pd.DataFrame({columns:data})

现仍使用任务导入数据；将此数据作为一个字典，创建一个 DataFrame 类对象 df1。

根据语法格式，{columns:data} 中，columns 对应字典的 key，data 对应字典的 values。如4个景点名称，分别是景点A、景点B、景点C、景点D，可以表示为'景点名称'：['景点 A','景点 B','景点 C','景点 D']}，地点分别在重庆、成都、北京、杭州，可以表示为'地点'：['重庆','成都','北京','杭州']，门票价格分别为 80 元、90 元、120 元、100 元，可以表示为'门票价格'：[80,90,120,100]，具体代码如下：

```
# 导入 pandas
import pandas as pd
# 创建 DataFrame, 以字典方式传入
```

```
df1 = pd.DataFrame({'景点名称':['景点A','景点B','景点C','景点D'],
            '地点':['重庆','成都','北京','杭州'],
            '门票价格':[80,90,120,100]})
df1
```

运行结果如图 2-13 所示。

	景点名称	地点	门票价格
0	景点A	重庆	80
1	景点B	成都	90
2	景点C	北京	120
3	景点D	杭州	100

图 2-13 以字典方式传入 DataFrame 的运行结果

6. 通过字典方式传入，指定行索引

语法格式：pd.DataFrame({columns:data},index = [index])

5 中创建的 DataFrame 是通过字典方式传入数据，省略了行索引，默认的行索引是从 0 开始编号，而在实际应用中，可以指定行索引。那么根据任务导入的数据，将其行索引指定为"一、二、三、四"，创建一个 DataFrame 类对象 df1，具体代码实现如下：

```
# 导入 pandas
import pandas as pd
# 创建 DataFrame,以字典方式传入,指定行索引
df1 = pd.DataFrame({'景点名称':['景点A','景点B','景点C','景点D'],
            '地点':['重庆','成都','北京','杭州'],
            '门票价格':[80,90,120,100]},
            index = ['一','二','三','四'])
df1
```

运行结果如图 2-14 所示。

	景点名称	地点	门票价格
一	景点A	重庆	80
二	景点B	成都	90
三	景点C	北京	120
四	景点D	杭州	100

图 2-14 指定行索引的运行结果

│拓展练习│

1. 现有四个旅游景点（A、B、C、D）的四年游客数量的数据，即 2020 年至 2023 年，A 旅游景点的游客数量分别为 3080，3500，2460，6600，B 旅游景点的游客数量分别为 2480，2600，2750，6700，C 旅游景点的游客数量分别为 1080，1500，1460，3500，D 旅游景点的游客数量分别为 3380，3600，3760，8400。使用至少 3 种方式创建一个 DataFrame 对象，用于存储四个旅游景点四年的游客数量。

2. 使用不同方法访问上一题创建的 DataFrame 对象。

—— 任务三　DataFrame 对象数据的访问 ——

│任务导入│

小肖学会了创建 Series 和 DataFrame 对象，现在他进一步收集到某个旅游景点一年中每月的游客数量以及每月中第 1 周至第 4 周的具体数据，其中 1 月到 6 月的游客人数分别为：2000，2300，1800，2100，5000，4500，其中 1 月第 1 周到第 4 周的游客人数分别为 550，650，350，450；2 月第 1 周到第 4 周的游客人数分别为 780，670，401，449；3 月第 1 周到第 4 周的游客人数分别为 460，430，540，370；4 月第 1 周到第 4 周的游客人数分别为 680，560，408，452；5 月第 1 周到第 4 周的游客人数分别为 2100，1400，740，760；6 月第 1 周到第 4 周的游客人数分别为 1800，1300，600，800。现在他要使用这些数据创建 pandas 的数据结构 DataFrame 对象，然后访问创建的 DataFrame 对象中的数据。任务要求如下：

1. 能够使用不同方法访问 DataFrame 对象中的 1 行数据。

2. 能够使用不同方法访问 DataFrame 对象中的多行数据。

3. 能够使用不同方法访问 DataFrame 对象中指定行和指定列数据。

4. 能够访问 DataFrame 对象中指定条件数据。

数据的访问，可以采用行位置和列位置访问，也可以采用行索引和列标签访问。

（一）DataFrame 对象中数据的访问

1. 访问 1 行数据

（1）使用行标签索引访问

基于行标签索引，也就是使用行名称访问，需要用到 loc 属性。

语法格式：DataFrame.loc[行标签]

（2）使用行位置索引访问

使用行位置索引访问，需要用到 iloc 属性。注意，位置索引编号从 0 开始。

语法格式：DataFrame.iloc[行所在位置]

2. 访问多行数据

访问多行数据，方法同访问 1 行数据类似，既可以使用行标签访问，也可以使用行位置索引访问。

（1）行标签索引访问

语法格式：DataFrame.loc[[行名 1，行名 2……]]

（2）行位置索引访问

访问多行数据，使用行位置索引访问时，一定注意，访问的数据不包括结束的位置索引。

语法格式：DataFrame.iloc[[行所在位置 1, 行所在位置 2……]]

3. 访问指定列数据

访问指定列数据，可以直接使用列名访问，也可以用 loc 和 iloc 属性访问。

（1）直接使用列名访问

语法格式：DataFrame [[列名 1，列名 2……]]

（2）使用 loc 和 iloc 属性访问列数据

使用 loc 的语法格式：DataFrame.loc[:,[列名 1，列名 2……]]

使用 iloc 的语法格式：DataFrame.iloc[:,[行所在位置 1, 行所在位置 2……]]

┃ **任务实施** ┃

根据任务导入的数据，首先创建一个名为 df2 的 DataFrame 对象，指定行索引和列标签，具体代码如下：

```
# 导入 pandas
import pandas as pd
# 创建 DataFrame，以字典方式传入
df2 = pd.DataFrame({'第 1 周':[550,780,460,680,2100,1800],
            '第 2 周':[650,670,430,560,1400,1300],
            '第 3 周':[350,401,540,408,740,600],
            '第 4 周':[450,449,370,452,760,800]},
            index = ['1月','2月','3月','4月','5月','6月'])
df2
```

运行结果如图 2-15 所示。

	第1周	第2周	第3周	第4周
1月	550	650	350	450
2月	780	670	401	449
3月	460	430	540	370
4月	680	560	408	452
5月	2100	1400	740	760
6月	1800	1300	600	800

图 2-15 创建 df2 的显示结果

1. 访问 1 行数据

（1）行标签索引访问

现在访问 DataFrame 对象 df2 中 3 月的游客人数，根据语法格式，则具体代码为：

```
df2.loc['3月']
```

运行结果如图 2-16 所示。

```
第1周        460
第2周        430
第3周        540
第4周        370
Name: 3月, dtype: int64
```

图 2-16 行名称访问 1 行数据的运行结果

（2）行位置索引访问

同样地，现在访问 DataFrame 对象 df2 中 3 月的游客人数，根据位置索引编号规则，索引号从 0 开始，则 DataFrame 对象 df2 中 3 月的位置索引号为 2，具体代码为：

```
df2.iloc[2]
```

运行结果如图 2-17 所示。

```
第1周      460
第2周      430
第3周      540
第4周      370
Name: 3月, dtype: int64
```

图 2-17　行位置访问 1 行数据的运行结果

2. 访问多行数据

（1）行标签索引访问

现需要访问 DataFrame 对象 df2 中 1 月和 4 月的游客人数，具体代码如下：

```
df2.loc[['1月','4月']]
```

运行结果如图 2-18 所示。

	第1周	第2周	第3周	第4周
1月	550	650	350	450
4月	680	560	408	452

图 2-18　行名称访问多行数据的运行结果

（2）行位置索引访问

同行标签访问一样，现需要访问 DataFrame 对象 df2 中 1 月和 4 月的游客人数，具体代码如下：

```
df2.iloc[[0,3]]
```

运行结果如图 2-19 所示。

	第1周	第2周	第3周	第4周
1月	550	650	350	450
4月	680	560	408	452

图 2-19　行位置访问多行数据的运行结果

从代码中，可以发现访问多行数据与访问 1 行数据的区别在于，访问多行数据（此时数据为不连续的行数据）时，代码中只需要将要访问的行标签或行位置索引表示出来即可。

如果要访问的数据是连续的行，如访问 1 月至 4 月的游客人数，使用行标签索引访问的话，具体代码如下：

```
df2.loc['1月':'4月']
```

使用行位置索引访问的话，具体代码如下：

```
df2.iloc[0:4]
```

使用行位置索引访问，代码也可以这样写：

```
df2.iloc[:4]
```

使用行位置索引访问，一定注意，访问的数据，不包括结束的位置索引，如上面 df2.iloc[0:4] 和 df2.iloc[:4] 实现的功能是一样的，这里都不包括位置索引为 4 的数据，也就是访问的数据行的位置索引为 0，1，2，3，对应的数据行为 1 月，2 月，3 月，4 月。

使用行标签索引访问和使用行位置索引访问的运行结果如图 2-20 所示。

	第1周	第2周	第3周	第4周
1月	550	650	350	450
2月	780	670	401	449
3月	460	430	540	370
4月	680	560	408	452

图 2-20　访问连续行的运行结果

3. 访问指定列数据

（1）直接使用列名访问

现需要访问 DataFrame 对象 df2 中每月的第 1 周和第 3 周的游客人数，具体代码如下：

```
# 导入 pandas
import pandas as pd
# 创建 DataFrame, 以字典方式传入
df2 = pd.DataFrame({'第 1 周 ':[550,780,460,680,2100,1800],
              '第 2 周 ':[650,670,430,560,1400,1300],
              '第 3 周 ':[350,401,540,408,740,600],
              '第 4 周 ':[450,449,370,452,760,800]},
              index = ['1月','2月','3月','4月','5月','6月'])
#访问每月的第 1 周和第 3 周的游客人数
df2[['第 1 周 ','第 3 周 ']]
```

运行结果如图 2-21 所示。

	第1周	第3周
1月	550	350
2月	780	401
3月	460	540
4月	680	408
5月	2100	740
6月	1800	600

图 2-21　使用列名访问数据

（2）使用 loc 和 iloc 属性访问列数据

同样，访问 DataFrame 对象 df2 中每月的第 1 周和第 3 周的游客人数，使用 loc 属性，具体代码如下：

```
df2.loc[:,['第 1 周 ','第 3 周 ']]
```

运行结果同图 2-21。

使用 iloc 属性访问，代码可以这样写：

```
df2.iloc[:,[0,2]]
```

运行结果同图 2-21。

4. 访问指定行和指定列数据

上述操作访问的数据是全部的行，也就是所有的月份都显示出来。在实际运行

时，经常会出现只要求显示部分月的部分列数据，那么代码编写时可将访问行和访问列的格式综合。

（1）使用 loc 属性访问连续行和不连续列

现在只需要访问 DataFrame 对象 df2 中 1 月的第 1 周和第 3 周以及 2 月的第 1 周和第 3 周的游客人数，具体代码如下：

```
df2.loc['1月':'2月',['第1周','第3周']]
```

因为 1 月和 2 月在 DataFrame 对象 df2 中的存储是连续的，并且 1 月是第 1 行，所以在代码中也可以将 1 月省略，表示从第 1 行开始，代码可表示为：

```
df2.loc[:'2月',['第1周','第3周']]
```

运行结果如图 2-22 所示。

	第1周	第3周
1月	550	350
2月	780	401

图 2-22　访问部分行和部分列数据运行结果

（2）使用 iloc 属性访问连续行和不连续列

现在仍访问 DataFrame 对象 df2 中 1 月的第 1 周和第 3 周以及 2 月的第 1 周和第 3 周的游客人数，具体代码如下，代码可以这样写：

```
df2.iloc[0:2,[0,2]]
```

同使用 loc 属性访问一样，此次也是从第 1 行数据开始访问，代码也可以写为：

```
df2.iloc[:2,[0,2]]
```

运行结果均与图 2-22 所示结果一致。

（3）使用 loc 属性和 iloc 属性访问连续行和连续列

若访问的行和列均处于连续的行和列时，如访问 DataFrame 对象 df2 中 1 月的第 1 周和第 3 周以及 2 月的第 1 周和第 2 周游客人数。

使用 loc 属性访问，代码可以这样写：

```
df2.loc[:'2月',:'第2周']
```

运行结果如图 2-23 所示。

	第1周	第2周
1月	550	650
2月	780	670

图 2-23　访问连续的行和列数据运行结果

使用 iloc 属性访问，具体代码如下：

```
df2.iloc[:2,:2]
```

运行结果同图 2-23 一致。

5. 访问指定条件数据

前面介绍的方法均是基于现有的标签名或者索引来访问。如果在实际应用中，需要按照给定的条件来访问数据，可以采用关系表达式来进行比较。

现要访问 DataFrame 对象 df2 中第 1 周游客人数小于 500 的数据，具体代码如下：

```
df2['第1周']<500
```

运行结果如图 2-24 所示。

```
1月      False
2月      False
3月       True
4月      False
5月      False
6月      False
Name: 第1周, dtype: bool
```

图 2-24　指定条件访问数据运行结果

从图 2-24 可以看出，实际上是在对数据框（DataFrame）df2 中"第 1 周"这一列的每个元素进行比较操作。这个操作会返回一个与'第 1 周'列相同长度的布尔值序列，其中每个元素都是 True 或 False，取决于该位置上的值是否小于 500。

我们想让运行结果显示的是具体的数据时，代码可以修改为：

```
df2.loc[df2['第 1 周']<500]
```

这样执行后的运行结果如图 2-25 所示。

	第1周	第2周	第3周	第4周
3月	460	430	540	370

图 2-25　指定条件访问数据运行结果

上述操作中只指定了一个具体条件，若要访问第 1 周游客人数大于 500 和第 3 周游客人数小于 500 的数据时，这里需要将两个条件用 "&" 连接起来。具体代码如下：

```
df2.loc[(df2['第 1 周']>500)&(df2['第 3 周']<500)]
```

运行结果如图 2-26 所示。

	第1周	第2周	第3周	第4周
1月	550	650	350	450
2月	780	670	401	449
4月	680	560	408	452

图 2-26　访问指定 2 个条件的数据运行结果

│拓展练习│

使用不同方法访问任务 2.2 的拓展练习创建的 DataFrame 对象。

任务四　DataFrame 对象数据的基本操作

│任务导入│

小肖已经熟悉 Pandas 数据结构，他在学习的过程中发现有时创建的 DataFrame 对象中的数据会有些问题，需要添加、修改或者删除，为了实现这些操作，任务要求如下：

1. 能够查看所需数据。

2. 能够在指定位置添加数据。

3. 能够修改指定的数据。

4. 能够删除指定的数据。

（一）数据的查看

1. 查看前几行数据

语法格式：DataFrame.head(n)

说明：返回 DataFrame 的前 n 行。常用于快速预览数据集的开始部分。当省略参数时，则代表查看前 5 行数据。需要查看前几行，就在参数里输入数字几，如查看前 2 行，就在括号里面输入数字"2"。

2. 查看后几行数据

语法格式：DataFrame.tail(n)

说明：返回 DataFrame 的前 n 行。常用于查看数据集的末尾部分。当省略参数时，则代表查看最后 5 行数据。需要查看后几行，就在参数里输入数字几，如查看后 3 行，就在括号里面输入数字"3"。

3. 查看列名

语法格式：DataFrame.columns

说明：返回 DataFrame 的列名或列标签。columns 属性返回一个 Index 对象，该对象包含了 DataFrame 的所有列名。可以通过这个属性来获取列名列表，也可以用来重新排列或选择特定的列。columns 属性还可以用来设置新的列名，但需要确保新列名的长度与 DataFrame 的列数相匹配。

4. 查看行标签

语法格式：DataFrame.index

说明：在 Pandas 中，DataFrame.index 是一个属性，它返回 DataFrame 的索引（Index 对象）。这个索引类似于 Series 的索引，为 DataFrame 的每一行提供了标签。通常用于获取整个 DataFrame 的索引。

5. 查看数据类型

语法格式：DataFrame.dtypes

说明：用于返回 DataFrame 中每一列的数据类型。它提供了一个 Series 对象，其中索引是列名，值是对应列的数据类型。数据类型可以是标准的 Python 类型，如 int64、float64、object（通常是字符串或其他混合类型）、bool 等，也可以是 Pandas 特定的类型，如 datetime64、timedelta[ns] 等。

6. 查看统计数据

语法格式：DataFrame.describe(self, percentiles=None, include=None,exclude=None)

说明：它用于生成描述性统计信息。这些统计信息通常包括计数、平均值、标准差、最小值、25th 分位数、中位数（50th 分位数）、75th 分位数和最大值。

参数 percentiles：用于指定需要计算的分位数的列表。默认情况下，它会计算 25th（0.25）、50th（0.5）和 75th（0.75）分位数，也就是四分位数。可以传入一个列表来指定不同的分位数，例如 [0.5, 0.9]。

参数 include：用于指定需要进行描述性统计的数据类型。默认情况下，它只包括数值型数据（np.number）。可以传入一个列表来指定包括的数据类型，例如 ['number', 'object']，这样就会对数值型和对象类型的数据进行统计。

参数 exclude：与 include 相反，用于指定需要排除的数据类型。默认情况下，它不包括 None。你可以传入一个列表来指定排除的数据类型，例如 ['number', 'datetime']，这样就会排除数值型和日期时间类型的数据。

（二）数据的添加

数据的添加，可以按行添加，也可以按列添加。

1. 以列添加数据，添加的数据为最后 1 列

语法格式：DataFrame['新列名']=[data1、data2、……]

此方法直接通过列名来为新列赋值，新列作为 DataFrame 对象的最后一列数据。

2. 以列添加数据，添加的数据为指定列

语法格式：DataFrame.insert(loc, column, value, allow_duplicates=False)

此方法将在给定的位置索引处插入新列，原来的列将自动后移。

参数 loc：为整数，指定要插入列的位置索引（索引从 0 开始）。如果 loc 大于现有列数，则列将被追加到 DataFrame 的末尾。

参数 column：为字符串（str）或标签，给定新列的名称。

参数 value：为标量值、列表、数组、Series 或 DataFrame。给定要插入的数据。如果 value 是列表或数组，它的长度必须与 DataFrame 的行数相匹配。如果 value 是 Series，它的索引将被用来对齐数据。

3. 以行添加数据，添加的数据为最后 1 行

语法格式：DataFrame.loc[行标签] = [data1,data2,……]

此方法直接通过行标签来为新行赋值，新行作为 DataFrame 对象的最后一行数据。

4. 以行添加数据，一次添加多行

语法格式：pd.concat(objs, axis=0, join='outer', ignore_index=False, keys=None, levels=None, names=None, verify_integrity=False, sort=False, copy=True)

pd.concat() 函数用于沿着一条轴将多个对象堆叠到一起。如 df = pd.concat([df, df1]) 时，就是在将 DataFrame df 和 df1 沿着轴 0（行）进行合并，即将 df1 的行追加到 df 的末尾。

参数 objs：为 DataFrame 或 Series 的列表，也就是要被合并的对象列表。

参数 axis：可选，为整数（int），默认为 0。指定合并的轴向，"0" 表示沿着行（垂直合并），"1" 表示沿着列（水平合并）。通常用垂直合并。

参数 join：可选，为字符串（str），默认为 'outer'，用来给定合并方式，'outer' 表示取并集，'inner' 表示取交集。

参数 ignore_index：可选，为布尔值（bool），默认为 False，用来表示忽略原有的索引；如果为 True，则新索引将是从 0 开始的整数。

参数 keys：可选，为标签列表，默认为 None，用来为每个被合并的对象设置不同的键。

参数 levels 和 names：可选，用于创建 MultiIndex（多级索引）。

参数 verify_integrity：可选，布尔值（bool），默认为 False；如果为 True，则会检查新合并的轴是否重复，如果有重复则抛出异常。

参数 sort：可选，布尔值（bool），默认为 False，用来表示在合并时是否对结果进行排序。

参数 copy：可选，布尔值（bool），默认为 True，用来表示是否返回一个新的 DataFrame 副本。

（三）数据的修改

数据的修改，主要指对某一个指定的数据进行修改，也可以是对某一行或者某一列的数据进行修改。

1. 修改 1 行数据

语法格式 1：df.loc[行标签] = [data1,data2,……]

语法格式 2：df.iloc[行标签索引] = [data1,data2,……]

仔细观察，会发现修改 1 行数据的代码格式和增加一行数据的代码格式一样，但是在使用时要注意，修改 1 行的行标签是已经存在 DataFrame 中，若代码格式中给定的行标签不存在 DataFrame 中，则实现的功能是增加 1 行数据。

2. 修改 1 列数据

格式 1：df.loc[:, 列标签]=[data1,data2,……]

格式 2：df.iloc[:, 列标签索引] = [data1,data2,……]

这里也需要注意，修改 1 列数据的代码格式里列标签也是已经存在于 DataFrame 中，如果输入的列标签不存在此 DataFrame 中，则实现的功能就是插入 1 列。

3. 修改某一个指定的数据

格式 1：df.loc[行标签，列标签]=data

格式 2：df.iloc[行标签索引，列标签索引]=data

行标签和列标签是已经存在于 DataFrame 中。

（四）数据的删除

数据的删除，可以按照行删除、列删除，也可以按照指定条件删除。

格式：DataFrame.drop(labels=None, axis=0, index=None, columns=None, level=None, inplace=False, errors='raise')

说明：DataFrame.drop() 函数用于删除 DataFrame 中的行或列。

参数 labels：表示单个标签或列表式的标签，用于指定要删除的行或列的标签。这个参数是 index 和 columns 的别名。

参数 axis：为整数或字符串。0 或 'index' 表示删除行，1 或 'columns' 表示删除列。默认为 0。

参数 index：表示单个标签或列表式的标签，用于指定要删除的行的索引。

参数 columns：单个标签或列表式的标签，用于指定要删除的列的名称。

参数 level：如果轴是多索引（MultiIndex），则删除指定的级别，默认为 None。

参数 inplace：为布尔值，表示是否在原地修改 DataFrame。如果为 True，则不返回新对象，而是在原地修改。默认为 False。

参数 errors：值为 {'ignore', 'raise'}，如果 'ignore'，则在删除不存在的标签时忽略错误；如果 'raise'，则在删除不存在的标签时抛出错误。默认为 'raise'。

｜任务实施｜

1. 数据的查看

现以上一节某个旅游景点一年中每月的游客数量为例，1 月到 6 月的游客人数分别为：2000，2300，1800，2100，5000，4500，其中 1 月第 1 周到第 4 周的游客人数分别为 550，650，350，450；2 月第 1 周到第 4 周的游客人数分别为 780，670，401，449；3 月第 1 周到第 4 周的游客人数分别为 460，430，540，370；4 月第 1 周到第 4 周的游客人数分别为 680，560，408，452；5 月第 1 周到第 4 周的游客人数分别为 2100，1400，740，760；6 月第 1 周到第 4 周的游客人数分别为 1800，1300，600，800。创建 DataFrame 对象，命名为 df1。代码如下：

```
# 导入 pandas
import pandas as pd
# 创建 DataFrame
df1 = pd.DataFrame({' 第 1 周 ':[550,780,460,680,2100,1800],
            ' 第 2 周 ':[650,670,430,560,1400,1300],
            ' 第 3 周 ':[350,401,540,408,740,600],
            ' 第 4 周 ':[450,449,370,452,760,800]},
            index = ['1月','2月','3月','4月','5月','6月'])
df1
```

运行结果如图 2-27 所示。

	第1周	第2周	第3周	第4周
1月	550	650	350	450
2月	780	670	401	449
3月	460	430	540	370
4月	680	560	408	452
5月	2100	1400	740	760
6月	1800	1300	600	800

图2-27　DataFrame对象df1具体内容

（1）查看 DataFrame 对象 df1 前几行

现要查看 DataFrame 对象 df1 前 3 行数据。代码实现如下：

```
df1.head(3)
```

运行结果如图 2-28 所示。

若省略参数，代码这样写：

```
df1.head()
```

则运行结果如图 2-29 所示。

	第1周	第2周	第3周	第4周
1月	550	650	350	450
2月	780	670	401	449
3月	460	430	540	370

图2-28　查看前 3 行数据

	第1周	第2周	第3周	第4周
1月	550	650	350	450
2月	780	670	401	449
3月	460	430	540	370
4月	680	560	408	452
5月	2100	1400	740	760

图2-29　省略参数的运行结果

从图 2-29 可以看出，当省略参数时，代表查看前 5 行数据。当然，当在参数处输入数字"5"时，与省略参数实现同样的功能。

（2）查看 DataFrame 对象 df1 尾部几行

现要查看 DataFrame 对象 df1 尾部 2 行数据，代码如下：

```
df1.tail(2)
```

运行结果如图 2-30 所示。

	第1周	第2周	第3周	第4周
5月	2100	1400	740	760
6月	1800	1300	600	800

图 2-30　查看 DataFrame 对象 df1 尾部 2 行数据

（3）查看列名

现在查看 DataFrame 对象 df1 的列名，代码如下：

```
df1.columns
```

运行结果如图 2-31 所示。

Index(['第1周', '第2周', '第3周', '第4周'], dtype='object')

图 2-31　查看 DataFrame 对象 df1 的列名

（4）查看行标签

现要查看 DataFrame 对象 df1 的行标签，代码如下：

```
df1.index
```

运行结果如图 2-32 所示。

Index(['1月', '2月', '3月', '4月', '5月', '6月'], dtype='object')

图 2-32　查看 DataFrame 对象 df1 的行标签

（5）查看数据类型

现要查看 DataFrame 对象 df1 每一列的数据类型，代码如下：

```
df1.dtypes
```

运行结果如图 2-33 所示。

```
第1周        int64
第2周        int64
第3周        int64
第4周        int64
dtype: object
```

图 2-33　查看 DataFrame 对象 df1 的数据类型

（6）查看统计数据

现要查看 DataFrame 对象 df1 的统计数据，如每列的平均值、最小值等。代码如下：

```
df1.describe()
```

运行结果如图 2-34 所示。

	第1周	第2周	第3周	第4周
count	6.000000	6.000000	6.000000	6.000000
mean	1061.666667	835.000000	506.500000	546.833333
std	703.147685	409.035451	148.129335	183.708918
min	460.000000	430.000000	350.000000	370.000000
25%	582.500000	582.500000	402.750000	449.250000
50%	730.000000	660.000000	474.000000	451.000000
75%	1545.000000	1142.500000	585.000000	683.000000
max	2100.000000	1400.000000	740.000000	800.000000

图 2-34　df1 的统计数据结果

从图 2-34 中可以看出，使用 describe 查看统计数据时，可以计算每列数值的个数 count、平均值 mean、标准差 std、最小值 min、第一个四分位数 25%、中位数 50%、第三个四分位数 75%、最大值 max。如果 DataFrame 中包含非数值列，则这些列默认会被排除在统计摘要之外。但是，可以通过设置参数 include 来包含其他类型的数据。如参数设置为：

include=['object']：表示包括字符串列（object 类型）

include=['number']：表示只包括数值列（int64 和 float64 类型）

include=['all']：表示包括所有列

2. 数据的添加

现仍以每月游客人数的数据为例，数据显示如图 2-35 所示。

（1）以列添加数据，添加的数据为最后 1 列

创建 DataFrame 对象，命名为 df2，在实现创建 df2 时，显示结果如图 2-36 所示。

对比图 2-35 景区 1 月至 6 月游客人数，和图 2-36 DataFrame 对象 df2 显示的数据，发现在 DataFrame 对象 df2 的数据少了 1 列，即第 4 周。现将第 4 周数据添加进去，代码如下：

```
df2['第 4 周']=[450,449,370,452,760,800]
df2
```

	第1周	第2周	第3周	第4周
1月	550	650	350	450
2月	780	670	401	449
3月	460	430	540	370
4月	680	560	408	452
5月	2100	1400	740	760
6月	1800	1300	600	800

图 2-35　景区 1 月至 6 月游客人数

	第1周	第2周	第3周
1月	550	650	350
2月	780	670	401
3月	460	430	540
4月	680	560	408
5月	2100	1400	740
6月	1800	1300	600

图 2-36　DataFrame 对象 df2 显示的数据

执行之后，DataFrame 对象 df2 的数据就和原来的数据一致了。

此格式 df['列名']=[data1、data2、……] 是直接对 DataFrame 赋值。添加新列时，也可以采用 loc 属性增加 1 列。同样，添加第 4 周的数据，代码也可以表示为：

```
df2.loc[:,'第 4 周']=[450,449,370,452,760,800]
df2
```

（2）以列添加数据，添加的数据为指定列

现对图 2-36 显示的 DataFrame 对象 df2 的数据添加 1 列，新加的 1 列（第 4 周）放在第 1 周之后，那么代码实现如下：

```
df2.insert(1,'第 4 周',[450,449,370,452,760,800])
df2
```

运行结果如图 2-37 所示。

	第1周	第4周	第2周	第3周
1月	550	450	650	350
2月	780	449	670	401
3月	460	370	430	540
4月	680	452	560	408
5月	2100	760	1400	740
6月	1800	800	1300	600

图 2-37　指定位置添加 1 列

（3）以行添加数据，添加的数据为最后 1 行

现要在 DataFrame 对象 df2 后添加一行数据（7 月），具体每周的数据分别为 1750，2300，2200，2360。代码如下：

```
df2.loc['7月'] = [1750,2300,2200,2360]
df2
```

运行结果如图 2-38 所示。

	第1周	第2周	第3周	第4周
1月	550	650	350	450
2月	780	670	401	449
3月	460	430	540	370
4月	680	560	408	452
5月	2100	1400	740	760
6月	1800	1300	600	800
7月	1750	2300	2200	2360

图 2-38　添加 1 行新数据的结果

（4）以行添加数据，一次添加多行

现要在 DataFrame 对象 df2 中添加多行数据（8 月、9 月、10 月），具体数据见表 2-1。

表 2-1　某景区 8—10 月游客人数统计表（单位：人次）

月份 　　周数	第 1 周	第 2 周	第 3 周	第 4 周
8 月	2410	2300	2540	2100
9 月	760	650	790	700
10 月	2600	800	710	680

这里首先创建一个 DataFrame 对象 df3，存放表 2-1 的数据，然后再使用 pd.concat() 将 DataFrame 对象 df3 的数据追加到 DataFrame 对象 df2 中，代码实现如下：

```
# 创建 DataFrame，命名为 df3，传入 8 月，9 月，10 月的游客人数
df3= pd.DataFrame({'第1周':[2410,760,2600],'第2周':[230,650,800],
        '第3周':[2540,790,710],'第4周':[2100,700,680]},
```

```
            index = ['8月','9月','10月'])
df2 = pd.concat([df2, df3])
df2
```

也可以将创建好的 DataFrame 对象 df2 和 df3 赋值给新 DataFrame，就相当于把两个数据存放在一个新的 DataFrame 对象中。代码实现为：

```
# 创建 DataFrame，命名为 df3，传入 8 月，9 月，10 月的游客人数
df3= pd.DataFrame({'第1周':[2410,760,2600],'第2周':[230,650,800],
        '第3周':[2540,790,710],'第4周':[2100,700,680]},
            index = ['8月','9月','10月'])
df4 = pd.concat([df2, df3])
df4
```

运行结果均如图 2-39 所示。

	第1周	第2周	第3周	第4周
1月	550	650	350	450
2月	780	670	401	449
3月	460	430	540	370
4月	680	560	408	452
5月	2100	1400	740	760
6月	1800	1300	600	800
7月	1750	2300	2200	2360
8月	2410	230	2540	2100
9月	760	650	790	700
10月	2600	800	710	680

图 2-39 添加多行新数据

3. 数据的修改

（1）修改某 1 行数据

现在将某景区游客人数中 10 月的每周的游客人数修改为 2550，850，720，700，使用格式 df.loc[行标签] = [data1,data2,……]，则代码为：

```
df2.loc['10月'] = [2550,850,720,700]
df2
```

使用格式 df.iloc[行标签索引] = [data1,data2,……]，则具体代码如下：

```
df2.iloc[9] = [2550,850,720,700]
df2
```

10月每周的游客人数修改后的结果如图 2-40 所示。

在实际应用中，通常会遇到将现有 1 行数据统一增加或减少一定的数据。如将 10月每周的游客人数修改为现有数据的 1.1 倍，那么代码实现如下：

```
df2.loc['10月'] = df2.loc['10月']*1.1
df2
```

从执行结果可以看到，10月的数据都在原来的基础上乘以 1.1 倍了，具体数据如图 2-41 所示。

	第1周	第2周	第3周	第4周
1月	550	650	350	450
2月	780	670	401	449
3月	460	430	540	370
4月	680	560	408	452
5月	2100	1400	740	760
6月	1800	1300	600	800
7月	1750	2300	2200	2360
8月	2410	230	2540	2100
9月	760	650	790	700
10月	2550	850	720	700

图 2-40 修改 1 行数据

	第1周	第2周	第3周	第4周
1月	550	650.0	350.0	450.0
2月	780	670.0	401.0	449.0
3月	460	430.0	540.0	370.0
4月	680	560.0	408.0	452.0
5月	2100	1400.0	740.0	760.0
6月	1800	1300.0	600.0	800.0
7月	1750	2300.0	2200.0	2360.0
8月	2410	230.0	2540.0	2100.0
9月	760	650.0	790.0	700.0
10月	2805	935.0	792.0	770.0

图 2-41 10月数据乘 1.1 结果

（2）修改 1 列数据

现将 DataFrame 对象 df2 中每个月第 4 周的数据修改为 510，500，400，470，810，850，2600，2240，750，800。

使用格式 df.loc[:, 列标签]=[data1,data2,……]，具体代码为：

```
df2.loc[:,'第4周']=[510,500,400,470,810,850,2600,2240,750,800]
df2
```

使用格式 df.iloc[:, 列标签索引] = [data1,data2,……]，具体代码为：

```
df2.iloc[:,3]=[510,500,400,470,810,850,2600,2240,750,800]
df2
```

修改后的结果如图 2-42 所示。

与修改 1 行相似，修改 1 列也可以统一增加一个数据或者减少一个数据，或者实现乘法和除法。如将每月第 4 周的数据统一减少 50。则代码为：

```
df2.loc[:,'第 4 周 ']=df2.loc[:,'第 4 周 ']-50
df2
```

执行代码后，可以看出第 4 周的每个数据均比原数少了 50。具体数据如图 2-43 所示。

	第1周	第2周	第3周	第4周
1月	550	650.0	350.0	510
2月	780	670.0	401.0	500
3月	460	430.0	540.0	400
4月	680	560.0	408.0	470
5月	2100	1400.0	740.0	810
6月	1800	1300.0	600.0	850
7月	1750	2300.0	2200.0	2600
8月	2410	230.0	2540.0	2240
9月	760	650.0	790.0	750
10月	2805	935.0	792.0	800

图 2-42　修改 1 列的数据结果

	第1周	第2周	第3周	第4周
1月	550	650.0	350.0	460
2月	780	670.0	401.0	450
3月	460	430.0	540.0	350
4月	680	560.0	408.0	420
5月	2100	1400.0	740.0	760
6月	1800	1300.0	600.0	800
7月	1750	2300.0	2200.0	2550
8月	2410	230.0	2540.0	2190
9月	760	650.0	790.0	700
10月	2805	935.0	792.0	750

图 2-43　第 4 周数据减 50 结果

（3）修改某一个指定的数据

现将 DataFrame 对象 df2 中 1 月第 1 周的游客人数修改为 600。

使用格式 df.loc[行标签，列标签]=data，具体代码如下：

```
df2.loc['1 月 ','第 1 周 ']=600
df2
```

使用格式 df.iloc[行标签索引，列标签索引]=data，代码如下：

```
df2.iloc[0,0]=600
df2
```

上述两种不同格式的代码，运行后即为修改后的数据，如图 2-44 所示。

	第1周	第2周	第3周	第4周
1月	600	650.0	350.0	460
2月	780	670.0	401.0	450
3月	460	430.0	540.0	350
4月	680	560.0	408.0	420
5月	2100	1400.0	740.0	760
6月	1800	1300.0	600.0	800
7月	1750	2300.0	2200.0	2550
8月	2410	230.0	2540.0	2190
9月	760	650.0	790.0	700
10月	2805	935.0	792.0	750

图 2-44　修改指定数据结果

4. 数据的删除

（1）删除行数据

现将 DataFrame 对象 df2 中 10 月的游客人数删除。这里是沿行删除，所以 axis=0，代码如下：

```
df2.drop('10月',axis = 0,inplace = True)
df2
```

代码也可以这样表示：

```
df2.drop(index='10月',inplace = True)
df2
```

删除后，具体数据如图 2-45 所示。

（2）删除列数据

现将每月第4周的游客人数删除。

代码如下：

```
df2.drop('第4周',axis = 1,inplace = True)
df2
```

代码也可以这样表示：

```
df2.drop(labels=' 第 4 周 ',axis = 1,inplace = True)
df2
```

执行后，结果如图 2-46 所示。

	第1周	第2周	第3周	第4周
1月	600	650.0	350.0	460
2月	780	670.0	401.0	450
3月	460	430.0	540.0	350
4月	680	560.0	408.0	420
5月	2100	1400.0	740.0	760
6月	1800	1300.0	600.0	800
7月	1750	2300.0	2200.0	2550
8月	2410	230.0	2540.0	2190
9月	760	650.0	790.0	700

	第1周	第2周	第3周
1月	600	650.0	350.0
2月	780	670.0	401.0
3月	460	430.0	540.0
4月	680	560.0	408.0
5月	2100	1400.0	740.0
6月	1800	1300.0	600.0
7月	1750	2300.0	2200.0
8月	2410	230.0	2540.0
9月	760	650.0	790.0

图 2-45　删除 10 月后数据结果　　　　　图 2-46　删除列数据

若删除多行数据，如将 7—9 月的数据全部删除，则将要删除的行标签作为列表，具体代码为：

```
df2.drop(['7 月 ','8 月 ','9 月 '],inplace = True)
df2
```

| 拓展练习 |

现有一个 DataFrame 对象，存储旅游景点的信息，包括景点名称（Name）、所在城市（City）、门票价格（TicketPrice）和游客评分（Rating）。具体数据见表 2-2。

表 2-2　旅游景点信息表

名称	城市	门票价格（元）	游客评分
故宫	北京	60	4.7
东方明珠	上海	100	4.5
西湖	杭州	0	4.8
长城	北京	40	4.9

请完成以下操作：

（1）查看所有位于北京的旅游景点信息。

（2）在 DataFrame 中添加一个新的旅游景点记录，景点名称为颐和园，所在城市为北京，门票价格为 30 元，游客评分为 4.5。

（3）修改所有位于上海的旅游景点的门票价格，上调 5 元。

（4）删除所有游客评分低于 3.5 的旅游景点记录。

任务五　数据排序与统计

| 任务导入 |

小肖已经熟悉 Pandas 数据结构的基本操作，如添加、修改或者删除，他在分析数据时发现经常需要统计数据的总和、平均值、最小值、最大值等，为了实现这些操作，任务要求如下：

1. 能够对数据进行排序。

2. 能够按要求对数据进行求和、平均值、最小值、最大值和计数。

3. 能够按要求对数据计算标准差。

（一）数据排序

数据排序，是指按关键字对数据进行升序或降序排列。在 Pandas 中，使用 DataFrame.sort_values() 函数对 DataFrame 进行排序。

语法格式：DataFrame.sort_values(by, axis=0, ascending=True, inplace=False, kind='quicksort', na_position='last')

说明：根据一个或多个列的值对 DataFrame 进行排序。

参数 by：指要排序的关键字，可以是一个关键字，也可以是多个关键字，多个关键字则用列表表示；

参数 axis=0：代表按行排序，axis=1，代表按列排序，省略此参数，默认为按行排序；

参数 ascending=True：表示升序，ascending=False，表示降序；

参数 inplace=True：表示修改原 DataFrame；如果为 False（默认），则返回一个新的 DataFrame。

（二）数据统计

数据统计，在上一任务中查看统计信息时，使用 describe() 方法可以得到数据的基本统计信息，包括计数、均值、标准差、最小值、25% 分位数、中位数、75% 分位数和最大值，本任务的数据统计重点介绍常用的统计函数，如求和、求均值 、计数、最小值、最大值、标准差等。

1. 求和

语法格式：DataFrame.sum(axis=0, skipna=True, level=None, numeric_only=None, min_count=0)

说明：按列或者按行对 DataFrame 进行求和。

参数 axis：表示按哪个轴进行求和，axis=0 或 ' index'，表示按列进行求和，axis=1 或 ' columns' 表示按行进行求和。

参数 skipna：表示是否在求和时忽略空值（NaN），skipna=True, 表示忽略空值，skipna=False，表示包含空值求和，结果将是 NaN。

参数 level：主要针对 DataFrame 的多级索引，指出从哪一级索引求和。值取整数或标签。

参数 numeric_only：表示是否只对数值数据进行求和。如果为 True，则只对数值列求和；如果为 False，则对所有列求和，非数值列将引发错误。如果为 None，则自动判断所有列是否都是数值类型。

参数 min_count：用来指定求和时非 NA 值的最小数量。如果某个位置的非 NA 值数量少于 min_count，则该位置的和为 NA。

2. 求平均值

语法格式：DataFrame.mean(axis=0, skipna=True, level=None, numeric_only=None)

说明：该函数用于计算 DataFrame 中数值列的平均值，参数说明同求和函数。

3. 求最大值和最小值

语法格式分别为：

最大值：DataFrame.max(axis=None, skipna=True, level=None, numeric_only=None)

最小值：DataFrame.min(axis=None, skipna=True, level=None, numeric_only=None)

说明：最大值函数用于计算 DataFrame 中数值列的最大值；最小值函数用于计算 DataFrame 中数值列的最小值。参数说明同求和函数一致。

4. 统计个数

语法格式：DataFrame.count(axis=0, skipna=True, level=None, numeric_only=None)

说明：该函数用于计算 DataFrame 中非缺失值（非 NaN）的数量。参数说明同求和函数一致。

5. 计算标准差

标准差，是方差的平方根，是衡量一组数据离散程度的一个统计量。标准差越大，表示数据点越分散；标准差越小，表示数据点越集中。

说法格式：DataFrame.std(axis=None, skipna=True, level=None, ddof=1, numeric_only=None)

说明：该函数用于计算 DataFrame 中数值列的标准差。

参数 ddof：表示自由度的调整量，默认为 1。

参数 numeric_only：默认为 True，表示只计算数值型列的标准差。如果设置为 False，则尝试对非数值型列也进行计算，但可能会返回 NaN 或引发错误。

其余参数说明与求和函数相同。

| 任务实施 |

1. 数据排序

现有某景区 1—6 月的游客人数，如表 2-3 所示。

表 2-3　某景区 1—6 月游客人数统计表（单位：人次）

	第1周	第2周	第3周	第4周
1 月	550	650	350	450
2 月	780	670	401	449
3 月	460	430	540	370

续表

	第1周	第2周	第3周	第4周
4月	680	560	408	452
5月	2100	1400	740	760
6月	1800	1300	600	800

根据前面任务创建的 DataFrame 对象 df2，现要按"第 4 周"进行升序排序。
具体代码如下：

```
df2.sort_values(by=' 第 4 周 ',inplace=True)
df2
```

代码中，省略了 ascending，默认情况下，为升序排序。

上述代码执行后，从图 2-47 中可以看到按关键字"第 4 周"升序排序前后的
区别。

图 2-47 排序前后对比

排序时，也可选择多个关键字，针对上述 1—6 月游客人数，现要按"第 1 周"
和"第 3 周"降序排序。代码为：

```
df2.sort_values(by=[' 第 1 周 ',' 第 3 周 '],
          ascending=[False,False],inplace=True)
df2
```

按 2 个或 2 个以上关键字排序时，一定要注意参数 ascending 的值的个数要和关
键字的个数相同。即使都是按照关键字的降序或升序排序，两个对应的个数也要保持
一致。

代码执行后，排序的结果如图 2-48 所示。

	第1周	第2周	第3周	第4周
1月	550	650	350	450
2月	780	670	401	449
3月	460	430	540	370
4月	680	560	408	452
5月	2100	1400	740	760
6月	1800	1300	600	800

排序后 ⟹

	第1周	第2周	第3周	第4周
5月	2100	1400	740	760
6月	1800	1300	600	800
2月	780	670	401	449
4月	680	560	408	452
1月	550	650	350	450
3月	460	430	540	370

图 2-48　两个关键字排序前后对比

2. 数据统计

（1）求和

现要将表 2-3 某景区 1—6 月游客人数统计表后加一列"总人数"，每月"总人数"列的值用第 1 周至第 4 周的游客人数之和来填充。

具体代码如下：

```
# 导入 pandas
import pandas as pd
# 创建 DataFrame，以字典方式传入
df2 = pd.DataFrame({'第 1 周':[550,780,460,680,2100,1800],
          '第 2 周':[650,670,430,560,1400,1300],
          '第 3 周':[350,401,540,408,740,600],
          '第 4 周':[450,449,370,452,760,800]},
          index = ['1月','2月','3月','4月','5月','6月'])
# 计算每个月的游客总人数
df2['总人数']=df2.sum(axis=1)
df2
```

因为对"第 1 周至第 4 周"游客人数求和，是按照行进行求和，所以这个 axis=1 不能省略。如果省略，则总人数列值全部填充为 NaN。

代码执行后，总人数求和后的数据如图 2-49 所示。

针对 DateFrame 对象 df2，现在最后添加一行"合计"，用来计算所有月份每周的游客总数。代码如下：

```
df2.loc[' 合计 ']=df2.sum()
df2
```

执行后的结果如图 2-50 所示。

	第1周	第2周	第3周	第4周	总人数
1月	550	650	350	450	2000
2月	780	670	401	449	2300
3月	460	430	540	370	1800
4月	680	560	408	452	2100
5月	2100	1400	740	760	5000
6月	1800	1300	600	800	4500

图 2-49　按列求和结果

	第1周	第2周	第3周	第4周	总人数
1月	550	650	350	450	2000
2月	780	670	401	449	2300
3月	460	430	540	370	1800
4月	680	560	408	452	2100
5月	2100	1400	740	760	5000
6月	1800	1300	600	800	4500
合计	6370	5010	3039	3281	17700

图 2-50　按行求和结果

（2）求平均值

现要将表 2-3 某景区 1—6 月游客人数统计表后加一列"平均人数 / 周"，用来计算第 1 周至第 4 周的游客人数的平均值。这里 DateFrame 对象仍然使用 df2，代码如下：

```
df2[' 平均人数 / 周 ']=df2.mean(axis=1)
df2
```

因为这里也是按行进行求平均值，所以参数 axis=1 是不能省略的。代码执行后，运行结果如图 2-51 所示。

	第1周	第2周	第3周	第4周	平均人数/周
1月	550	650	350	450	500.0
2月	780	670	401	449	575.0
3月	460	430	540	370	450.0
4月	680	560	408	452	525.0
5月	2100	1400	740	760	1250.0
6月	1800	1300	600	800	1125.0

图 2-51　按行求平均值结果

针对 DateFrame 对象 df2，现在它最后添加一行"平均值"，用来计算所有月份每周的平均游客人数。代码如下：

```
df2.loc[' 平均数 ']=df2.mean()
df2
```

运行后，数据框 df2 结果如图 2-52 所示。

	第1周	第2周	第3周	第4周	平均人数/周
1月	550.000000	650.0	350.0	450.000000	500.0
2月	780.000000	670.0	401.0	449.000000	575.0
3月	460.000000	430.0	540.0	370.000000	450.0
4月	680.000000	560.0	408.0	452.000000	525.0
5月	2100.000000	1400.0	740.0	760.000000	1250.0
6月	1800.000000	1300.0	600.0	800.000000	1125.0
平均数	1061.666667	835.0	506.5	546.833333	737.5

图 2-52　按列求平均值结果

从图 2-52 发现，部分数据添加了 6 位小数。在实际应用时，这么多位小数没有太大的意义，可以根据需要保留小数位数，如果此数据保留 2 位小数。那么代码应该编写为：

```
df2.loc[' 平均数 ']=df2.mean().round(2)
df2
```

在上面介绍的求和和求平均值中，计算时都是包括了所有行或者所有列。若在应用时，仅需要对指定的行或者列进行求和或者求平均值，则需要指定行标签或者列标签。

如果针对图 2-49 按列求和结果与图 2-50 按行求和结果，在此数据最后加一列，用来求每月每周的平均游客人数，然后在最后添加一行，用来计算所有月份每周的平均游客人数。因为此数据最后一列是"总人数"，最后一行是"合计"，而这些数据是不能参与求平均值的。那么在编写代码时，就需要指定参与计算的列和行。

添加一列"平均人数 / 周"并计算出相应数据，具体代码为：

```
df2[' 平均人数 / 周 ']=df2[[' 第1周 ',' 第2周 ',' 第3周 ',' 第4周 ']].mean(axis=1)
df2
```

或者这样写：

```
df2['平均人数/周']=df2['总人数']/4
df2
```

添加一行"平均值"并计算出相应数据，具体代码可以这样写：

```
df2.loc['平均人数']=(df2.loc['合计']/6)
df2
```

上述代码执行后，运行结果如图 2-53 所示。

	第1周	第2周	第3周	第4周	总人数	平均人数/周
1月	550.00	650.0	350.0	450.00	2000.0	500.0
2月	780.00	670.0	401.0	449.00	2300.0	575.0
3月	460.00	430.0	540.0	370.00	1800.0	450.0
4月	680.00	560.0	408.0	452.00	2100.0	525.0
5月	2100.00	1400.0	740.0	760.00	5000.0	1250.0
6月	1800.00	1300.0	600.0	800.00	4500.0	1125.0
合计	6370.00	5010.0	3039.0	3281.00	17700.0	4425.0
平均人数	1061.67	835.0	506.5	546.83	2950.0	737.5

图 2-53　部分行和部分列求平均值结果

（3）求最大值和最小值

现计算 1 月至 6 月每周游客人数的最多游客人数和最少游客人数。使用表 2-3
中的数据，这里还是先创建一个 DataFrame 对象 df2，然后再按要求计算最大值和最
小值，具体代码为：

```
# 导入 pandas
import pandas as pd
# 创建 DataFrame, 以字典方式传入
df2 = pd.DataFrame({'第1周':[550,780,460,680,2100,1800],
        '第2周':[650,670,430,560,1400,1300],
        '第3周':[350,401,540,408,740,600],
        '第4周':[450,449,370,452,760,800]},
        index = ['1月','2月','3月','4月','5月','6月'])
# 求每周的最多和最少游客人数
```

```
df2.loc['最大值']=df2.max()
df2.loc['最小值']=df2.min()
df2
```

执行代码后，数据显示如图 2-54 所示。

	第1周	第2周	第3周	第4周
1月	550	650	350	450
2月	780	670	401	449
3月	460	430	540	370
4月	680	560	408	452
5月	2100	1400	740	760
6月	1800	1300	600	800
最大值	2100	1400	740	800
最小值	460	430	350	370

图 2-54 最大值和最小值结果

（4）计数

count 函数用于计算 DataFrame 中非空值的数量。参数同求和函数参数一致。

现在将统计给定数据里景点的个数，如表 2-4 所示。

表 2-4 门票价格信息表

景点名称	地点	门票价格（元）
景点 A	重庆	80
景点 B	成都	90
景点 C	北京	120
景点 D	杭州	100

根据表 2-4 的数据，首先创建一个 DataFrame 对象 df3，然后再统计景点个数。具代码如下：

```
# 导入 pandas
import pandas as pd
```

```
# 创建 DataFrame
df3 = pd.DataFrame(data = [['景点 A','重庆',80],
                  ['景点 B','成都',90],
                  ['景点 C','北京',120],
                  ['景点 D','杭州',100]],
            columns = ['景点名称','地点','门票价格'])
# 使用 count 函数统计个数
new1=df3.count()
print("统计个数: \n",new1)
```

运行结果如图 2-55 所示。

```
统计个数:
景点名称        4
地点          4
门票价格        4
dtype: int64
```

图 2-55　计数结果

从运行结果可以看出，直接使用 df3.count()，会对每一列统计个数。若只需要统计某一列的个数，可以跟上相应的列标签。如只统计"景点名称"列的个数，则代码为：

```
# 导入 pandas
import pandas as pd
# 创建 DataFrame
df3 = pd.DataFrame(data = [['景点 A','重庆',80],
                  ['景点 B','成都',90],
                  ['景点 C','北京',120],
                  ['景点 D','杭州',100]],
            columns = ['景点名称','地点','门票价格'])
# 使用 count 函数统计个数
new1=df3['景点名称'].count()
print("景点个数: \n",new1)
```

运行结果如图 2-56 所示。

```
景点个数:
4
```

图 2-56　统计某列个数

（5）求标准差

现在仍然使用 DataFrame 对象 df2，统计 1 月至 6 月每周游客人数的标准差，具体代码为：

```
# 导入pandas
import pandas as pd
# 创建DataFrame，以字典方式传入
df2 = pd.DataFrame({'第1周':[550,780,460,680,2100,1800],
            '第2周':[650,670,430,560,1400,1300],
            '第3周':[350,401,540,408,740,600],
            '第4周':[450,449,370,452,760,800]},
            index = ['1月','2月','3月','4月','5月','6月'])
# 计算每周游客人数的标准差
df2.loc['标准差']=df2.std()
df2
```

执行后，运行结果如图 2-57 所示。

	第1周	第2周	第3周	第4周
1月	550.000000	650.000000	350.000000	450.000000
2月	780.000000	670.000000	401.000000	449.000000
3月	460.000000	430.000000	540.000000	370.000000
4月	680.000000	560.000000	408.000000	452.000000
5月	2100.000000	1400.000000	740.000000	760.000000
6月	1800.000000	1300.000000	600.000000	800.000000
标准差	703.147685	409.035451	148.129335	183.708918

图 2-57　求标准差结果

若要将数值的小数保留 2 位，则需要在后面跟上 round() 函数。代码可以更改为：

```
df2.loc['标准差']=df2.std().round(2)
df2
```

代码执行后，运行结果如图 2-58 所示。

	第1周	第2周	第3周	第4周
1月	550.00	650.00	350.0	450.00
2月	780.00	670.00	401.0	449.00
3月	460.00	430.00	540.0	370.00
4月	680.00	560.00	408.0	452.00
5月	2100.00	1400.00	740.0	760.00
6月	1800.00	1300.00	600.0	800.00
标准差	656.03	406.63	191.4	216.71

图 2-58　保留 2 位小数的标准差结果

┃拓展练习┃

1. 请根据任务 2.4 拓展练习的 DataFrame 对象，完成以下操作：

（1）对所有旅游景点按门票价格进行降序排序。

（2）计算每个城市的旅游景点门票价格总和、平均值、最小值、最大值以及景点数量。

（3）计算所有旅游景点门票价格的标准差。

任务六　读取外部数据与写操作

┃任务导入┃

小肖现在已经学会了 Pandas 的数据结构、DataFrame 对象的基本操作，在实际应用时，他发现经常会遇到其他格式的数据需要使用 Pandas 来处理，因此，为了能够读取外部数据和把处理后的数据存储为其他格式，本次任务要求为：

1. 能够读取外部数据，如 Excel 文件、CSV 文件、TXT 文件等。

2. 能够将处理后的数据存储为指定的文件类型。

在 Python 中使用 Pandas 库读取外部数据并进行写操作是一种常见的任务。Pandas 可以读取 Excel 文件、文本文件、网页表格和数据库文件。相反，Pandas 也可以将处理好的数据写入不同格式的数据文件。

（一）读取外部数据

1. 读取 Excel 文件

语法格式：pd.read_excel(file_path, sheet_name=0, header=0, index_col=None, usecols= None, skiprows=0, na_values=None, dtype=None)

说明：该函数用于读取 Excel 文件并将其转换为 DataFrame。

参数 file_path：这是 Excel 文件的路径和文件名，路径可以是相对路径，也可以是绝对路径。

参数 sheet_name：用来指定要读取的工作表名称或工作表索引。默认为 0，即第 1 张工作表。

参数 header：用来指定行号作为列名，默认为 0。如果没有标题行，可以设置为 None。

参数 index_col：用来指定列号或列名作为行索引，默认为 None。

参数 usecols：用来指定读取哪些列，可以是列名的列表，也可以是 Excel 列的位置索引。

参数 skiprows：表示跳过文件开头指定的行数或指定的行号。

参数 na_values：表示将指定的值替换为 NaN。

参数 dtype：用来指定某列的数据类型。

2. 读取文本文件

（1）读取 csv 文件

语法格式：pd.read_csv(filepath_or_buffer, sep=',', header=0, index_col=None, usecols= None, skiprows=None, encoding='utf-8')

说明：该函数用于读取 CSV 文件并将其转换为 DataFrame

参数 filepath_or_buffer：为必须提供的参数，表示要读取的文件路径或文件名。

参数 encoding='utf-8'：用来指出解码文件的编码，默认编码是'utf-8'，如果获取的文件是其他编码，如 gbk，则需要指定。

其他参数含义与读取 Excel 文件相应参数含义一致。

（2）读取 txt 文件

读取 txt 文件的语法格式可以使用读取 csv 文件的语法格式。如读取文本文件以逗号、制表符或其他分隔符分隔，均可采用读取 csv 文件的语法格式。

读取 txt 文件的另外一种语法格式为：

pd.read_table(filepath_or_buffer,sep=','，header=0,index_col=None,usecols=None,skiprows=None,encoding='gbk')

说明：该 read_table() 函数，默认的分隔符是制表符 \t，适合读取的 txt 文件类似表格数据。参数含义同读取 csv 文件一致。

（二）将数据写入文件

1. 写入 Excel 文件

语法格式：DataFrame.to_excel(excel_writer, sheet_name='Sheet1', index=True, header=True, startrow=0, startcol=0, engine=None, merge_cells=True, encoding=None, inf_rep='inf', verbose=True, freeze_panes=None)

说明：该函数用来将 DataFrame 写入 Excel 文件。

参数 excel_writer：表示写入文件路径名称；该参数必须提供。

参数 sheet_name='sheet1'：表示写入工作表 sheet1，默认为 'Sheet1'，也可以指定其他名称。

参数 index=True：用来指定是否将 DataFrame 的索引写入 Excel 文件，默认为True。

参数 header=True：用来指定是否将 DataFrame 的列名写入 Excel 文件，默认为True。

参数 startrow=0：用来指定开始写入的行号，默认为 0，即从第一行开始。

参数 startcol=0：用来指定开始写入的列号，默认为 0，即从第一列开始。

参数 engine=None：用来指定用于写入 Excel 文件的引擎，默认为 None，通常使用 'openpyxl' 或 'xlsxwriter'。

参数 merge_cells=True：用来指定是否合并单元格，默认为 True。

参数 encoding=None：用来指定文件的编码方式，默认为 None。

参数 inf_rep='inf'：用来指定如何表示无穷大值，默认为 'inf'。

参数 verbose=True：用来指定是否打印详细输出，默认为 True。

参数 freeze_panes=None：用来指定冻结窗格的位置，如 'A2' 或 (1, 1)。

2. 写入 csv 文件

语法格式：DataFrame.to_csv(path_or_buf, sep=',', index=True, header=True, columns=None, encoding='utf-8', compression=None, quoting=None, quotechar='"', doublequote=True, escapechar=None, errors='strict', date_format=None, index_label=None, mode='w', float_format=None)

说明：该函数用来将 DataFrame 写入 CSV 文件。

参数 path_or_buf：为写入文件路径名称，该参数必须提供。

参数 sep=','：表示分隔符是","，也可以使用其他分隔符。

参数 index=True：表示显示索引，如为 False，则不显示索引。

参数 columns=None：表示指定要写入的列，默认为 None，表示写入所有列。

参数 compression=None：表示采用的压缩模式，可以是 'gzip'、'bz2'、'zip' 或 None。

参数 quoting=None：表示采用的控制引用的模式，默认为 None，表示自动选择。

参数 quotechar='"'：表示引用字符，默认为 "。

参数 errors='strict'：表示编码错误处理方式，默认为 'strict'。

参数 date_format=None：表示采用的日期格式，默认为 None。

参数 doublequote=True：指定是否对包含引用字符的字段进行双重引用，默认为 True。

参数 escapechar=None：表示转义字符，默认为 None。

参数 index_label=None：表示索引列的标签，默认为 None。

参数 mode='w'：表示文件写入模式，默认为 'w'，表示写入模式。

参数 float_format=None：表示采用的浮点数格式，默认为 None。

其他参数含义同写入 Excel 文件相应参数含义一致。

|任务实施|

1. 读取外部数据

（1）读取 Excel 文件，仅指定文件路径与文件名

现有一个 Excel 文件 scenic_spot1.xlsx，存储于 D:\external_data，需要将其数据读出来，存储在 DataFrame 对象 df4 中，具体代码如下：

```
# 导入 pandas
import pandas as pd
df4 = pd.read_excel(r'D:\external_data\scenic_spot1.xlsx')
df4
```

执行后，读取的数据如图 2-59 所示。

	景点名称	被推荐的次数	点评数	星级
0	外滩	1165	50782	0.94
1	上海城隍庙	573	2226	0.82
2	田子坊	579	3510	0.88
3	东方明珠	584	48472	0.90
4	豫园	488	10604	0.86

图 2-59　读取 Excel 数据

从上述代码可以看出，参数仅仅给出了文件的路径及文件名，其他参数全部省略，读取出来的数据是 Excel 中第 1 张工作表的数据，其他工作表的数据并没有读出来。其实在应用时，可以添加参数来读取指定的数据。

（2）读取指定工作表数据

对于 Excel 文件 scenic_spot1.xlsx，实际有 2 张工作表都有数据，上述代码读取的是第 1 张工作表的数据。现要读取第 2 张工作表（工作表名称为"原始数据"）的数据，具体代码为：

```
# 导入 pandas
import pandas as pd
# 读取 Excel 文件第 2 张工作表数据
```

```
df4 = pd.read_excel('D:\external_data\scenic_spot1.xlsx',
            sheet_name='原始数据')
df4
```

上述代码中，sheet_name 后跟的是工作表名称，在读取第 2 张工作表时，也可以指定 sheet 工作表的位置。位置编号从 0 开始，如读取第 2 张工作表，位置编号则为 1。所以读取第 2 张工作表的代码也可以写为：

```
# 导入 pandas
import pandas as pd
# 读取 Excel 文件第 2 张工作表数据
df4 = pd.read_excel('D:\external_data\scenic_spot1.xlsx',
            sheet_name=1)
df4
```

执行此代码后，显示结果如图 2-60 所示。

	景点名称	被推荐的次数(次)	点评数(条)	星级
0	外滩	1165	50782	0.94
1	上海海昌海洋公园	0	2315	0.84
2	上海自然博物馆	36	2278	0.94
3	上海城隍庙	573	2226	0.82
4	新天地	6	1427	0.98
5	田子坊	579	3510	0.88
6	东方明珠	584	48472	0.90
7	金山城市沙滩	4	605	0.80
8	上海科技馆	86	7054	0.90
9	朱家角古镇景区	14	2520	0.88
10	南京路步行街	0	12354	0.90

图 2-60　读取指定工作表数据（部分数据）

（3）读取工作表中指定列数据

现要读取 Excel 文件 scenic_spot1.xlsx 第 1 张工作表中第 1 列和第 3 列的数据，代码如下：

```
# 导入 pandas
import pandas as pd
```

```
# 读取 Excel 文件第 1 张工作表里第 1 列和第 3 列数据
data1 = pd.read_excel('D:\external_data\scenic_spot1.xlsx',
            usecols=[0,2])
data1
```

这里代码省略了工作表名称，默认为第 1 张工作表，列编号从 0 开始，所以代码中 usecols=[0,2]。

代码运行后，读取的数据如图 2-61 所示。

	景点名称	点评数(条)
0	外滩	50782
1	上海城隍庙	2226
2	田子坊	3510
3	东方明珠	48472
4	豫园	10604

图 2-61　读取指定列数据

（4）读取指定单元格数据

现要读取 Excel 文件 scenic_spot1.xlsx 第 2 张工作表中第 3 行和第 1 列的数据，代码如下：

```
# 导入 pandas
import pandas as pd
# 读取 Excel 文件第 2 张工作表中第 3 行和第 1 列的数据
data1 = pd.read_excel('D:\external_data\scenic_spot1.xlsx',
            sheet_name=1,skiprows=2,nrows=1,usecols=[0])
data
```

代码中，skiprows=2，代表跳过前 2 行，从第 3 行读取；nrows=1，代表读取 1 行。

代码运行后，读取的数据如图 2-62 所示。

	上海海昌海洋公园
0	上海自然博物馆

图 2-62　读取指定单元格数据

2. 读取文本文件

（1）读取 csv 文件

现要读取 csv 文件 scenic_spot2.csv，代码如下：

```
# 导入 pandas
import pandas as pd
# 读取 csv 文件
df4 = pd.read_csv('D:\external_data\scenic_spot2.csv')
df4
```

运行结果如图 2-63 所示。

现只需读取 csv 文件 scenic_spot2.csv 的第 1 行的第 1 列和第 3 列和第 2 行的第 1 列和第 3 列，代码如下：

```
# 导入 pandas
import pandas as pd
# 读取 csv 文件
df4 = pd.read_csv('D:\external_data\scenic_spot2.csv',
          nrows=2,usecols=[0,2])
df4
```

代码中 nrows=2，表示读取 2 行，因为这里没有给出参数 skiprows，默认情况下从第 1 行开始读取，usecols=[0,2] 表示读取第 1 列和第 3 列。

读取的结果，如图 2-64 所示。

	景点名称	攻略提到的数量	点评数(条)	星级
0	外滩	1165	50782	94%
1	上海城隍庙	573	2226	82%
2	田子坊	579	3510	88%
3	东方明珠	584	48472	90%
4	豫园	488	10604	86%

图 2-63　读 csv 文件结果

	景点名称	点评数(条)
0	外滩	50782
1	上海城隍庙	2226

图 2-64　读取部分行和列

（2）读取 txt 文件

读取 txt 文件的语法格式可以使用读取 csv 文件的语法格式。如读取文本文件以逗号、制表符或其他分隔符分隔，均可采用读取 csv 文件的语法格式。现要读取文本文件 customer_information.txt，具体代码如下：

```
# 导入 pandas
import pandas as pd
# 读取 txt 文件
df4 = pd.read_csv(r'D:\external_data\customer_information.txt',
        sep='\t',encoding='UTF-16')
df4
```

代码中，r 是一个转义符，表示后面路径里的 "\" 不被转义；sep='\t'，表示读取的文件是用制表符分隔；encoding='UTF-16'，表示读取的文件格式是 UTF-16。上述代码读取出的数据如图 2-65 所示。

读取 txt 文件另外一种语法格式为：

pd.read_table('filepath_or_buffer',sep=' , ',header=0,index_col=None,usecols=None,skiprows=None,encoding=' gbk ')

参数含义同读取 csv 文件一致。

read_table() 函数，默认的分隔符是制表符 \t，适合读取的 txt 文件类似表格数据。

现仍读取文本文件 customer_information.txt，具体代码如下：

```
# 导入 pandas
import pandas as pd
# 读取 txt 文件
df4 = pd.read_table(r'D:\external_data\customer_information.txt',
        encoding='UTF-16')
df4
```

运行后，读取的数据如图 2-65 所示。

	序号	姓名	性别	年龄	预订日期
0	1	张宇宙	男	21	2015/4/2
1	2	李慧	女	21	2014/6/11
2	3	胡泰迪	男	22	2015/9/1
3	4	孙韦迦	女	23	2014/5/23
4	5	赵子桐	男	26	2014/3/9
...	...	...	...	...	...

图 2-65　读取 txt 文件结果（部分数据）

3. 将数据写入文件

（1）写入 Excel 文件

现使用表 2-3 某景区 1—6 月游客人数数据，将其保存在 D 盘 external 文件夹 tourist.xlsx 文件中，具体代码为：

```python
# 导入 pandas
import pandas as pd
# 创建 DataFrame
df2 = pd.DataFrame({'第1周':[550,780,460,680,2100,1800],
            '第2周':[650,670,430,560,1400,1300],
            '第3周':[350,401,540,408,740,600],
            '第4周':[450,449,370,452,760,800]},
            index = ['1月','2月','3月','4月','5月','6月'])
# 写入 D 盘 external_data 文件夹，文件名为 tourist.xlsx
df2.to_excel(r'D:\external_data\tourist.xlsx')
```

代码运行后，可以在 D 盘 external 文件夹内看到文件 tourist.xlsx 及其打开后的结果，如图 2-66 所示。

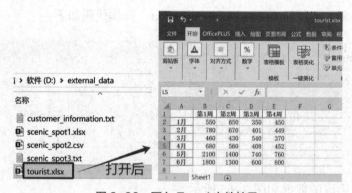

图 2-66　写入 Excel 文件结果

上述代码参数里仅给出了文件保存的路径，没有其他参数，则数据写入 Excel 文件 tourist.xlsx 的第 1 张工作表 sheet1 中。

若在写入时，需要指定写入的工作表名称，如将某景区 1—6 月的游客人数数据保存在 D 盘 external 文件夹 tourist2.xlsx 文件中的工作表"半年游客人数统计"里。

具体代码为：

```
# 导入 pandas
import pandas as pd
# 创建 DataFrame
df2 = pd.DataFrame({'第 1 周':[550,780,460,680,2100,1800],
                    '第 2 周':[650,670,430,560,1400,1300],
                    '第 3 周':[350,401,540,408,740,600],
                    '第 4 周':[450,449,370,452,760,800]},
                    index = ['1月','2月','3月','4月','5月','6月'])
# 写入 D 盘 external_data 文件夹, 文件名为 tourist2.xlsx, 存入工作表"半年游客人
数统计"
df2.to_excel(r'D:\external_data\tourist2.xlsx',sheet_name='半年游客人数
统计')
```

代码运行后，可以在 D 盘 external 文件夹内看到文件 tourist2.xlsx 及其打开后的
结果，如图 2-67 所示。

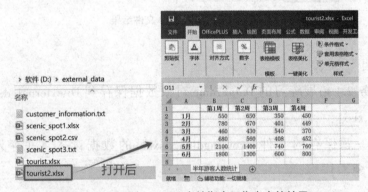

图 2-67　写入 Excel 文件指定工作表中的结果

（2）写入 csv 文件

现仍使用表 2-3 某景区 1—6 月的游客人数数据，将其保存在 D 盘 external 文件
夹 tourist3.csv 文件中，具体代码为：

```
# 导入 pandas
import pandas as pd
# 创建 DataFrame
df2 = pd.DataFrame({'第 1 周':[550,780,460,680,2100,1800],
                    '第 2 周':[650,670,430,560,1400,1300],
                    '第 3 周':[350,401,540,408,740,600],
```

```
            ' 第 4 周 ':[450,449,370,452,760,800]},
          index = ['1月','2月','3月','4月','5月','6月'])
# 写入 D 盘 external_data 文件夹, 文件名为 tourist3.csv
df2.to_csv(r'D:\external_data\tourist3.csv')
```

此代码中，参数仅给出了写入文件的路径和文件名，其他参数均省略，从写入结果图 2-68 可以看出，默认情况下，分隔符为 "，"。

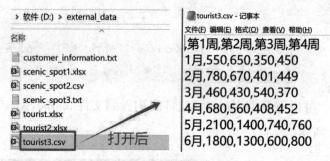

图 2-68　写入 csv 文件结果

| 拓展练习 |

1. 将任务 2.4 拓展练习的 DataFrame 对象数据保存到 D:\external_data，命名为 lvyoujingdian.xlsx。

2. 将上一题保存的文件 lvyoujingdian.xlsx 里的数据读入，并存入一个新的 DataFrame 对象。

项目三　使用 NumPy 处理旅游业务数据

◆知识目标

1. 能描述 NumPy 数组的概念。

2. 能描述创建 NumPy 数组的方法。

3. 能说出 NumPy 数组的索引和切片的使用方法。

4. 能描述数据排序和统计分析的基本方法。

5. 能描述 NumPy 数组的基本操作。

◆能力目标

1. 能创建 NumPy 数组。

2. 能对 NumPy 数组进行运算。

3. 能访问和转换 NumPy 数组。

4. 对 NumPy 数组进行排序和统计分析。

◆素质目标

1. 通过数组的创建和操作练习，增强逻辑思维和抽象思维能力。

2. 掌握 NumPy 数组的基本操作和统计分析方法，为进行更深入的数据分析打下基础。

3. 通过动手操作，提高对数据分析工作的严谨性和责任心的职业素养。

任务一 NumPy 数组的创建

任务导入

小肖在进行数据分析时，经常用会遇到一组一组的数据，为了处理起来更简洁，就需要学习关于数组的操作，这里使用 NumPy 库处理数据，任务要求如下：

1. 能够说出 NumPy 在旅游大数据分析中的应用。

2. 能够使用多种方法创建 NumPy 数组。

（一）认识 NumPy

1. 什么是 NumPy

NumPy（Numerical Python）是 Python 中一个开源的数值计算库，它提供了强大的多维数组对象和一系列在数组和矩阵上执行操作的函数。NumPy 的数组对象比 Python 内置的列表类型更加高效和方便，尤其是在执行数学运算和大规模数据处理时。

2. NumPy 在旅游大数据分析中的应用

（1）数据表示方面。特别是多维数组，NumPy 可以用来创建多维数组，用于表示旅游数据，如不同旅游景点的访问人数、旅游花费、住宿费用等。

（2）数据处理方面。一是数学运算，可以对旅游数据进行加减乘除等运算，如计算总访问人数、平均花费等。二是数据统计分析，使用 NumPy 可以计算标准差、方差等统计量，帮助分析旅游数据的变化和分布。

（3）数据转换方面。特别是重塑和转置，可以改变数据的形状，如将一维数据转换为二维数据，或将行数据转换为列数据。

（4）数据筛选方面。布尔索引，可以根据条件筛选数据，如找出访问人数超过平均值的旅游景点。

（5）数据可视化准备方面。在进行旅游数据可视化之前，通常需要将原始数据转换为适合图表展示的格式。NumPy 的数组操作功能可以方便地进行数据转换和聚合，为后续的数据可视化工作提供基础。

（6）时间序列分析方面。旅游数据经常与时间相关，NumPy 可以帮助处理时间序列数据，如计算不同时间段内的访问人数变化。

NumPy 在旅游数据分析中的应用非常广泛，它为数据的预处理、分析、转换和可视化提供了强大的工具，使旅游数据分析师能够更有效地处理和分析大量数据，从而做出更准确的决策和预测。

（二）NumPy 的创建

1. 使用 numpy.array() 函数

语法格式：np.array()

这是最基本的创建 NumPy 数组的方式，它可以直接从 Python 列表（或其他序列类型）转换而来。

2. 使用 numpy.zeros() 和 numpy.ones() 函数

语法格式：np.zeros()　和 np.ones()

此函数是创建一个指定形状和数据类型的数组，并填充元素为 0 和 1。

3. 使用 numpy.full() 函数

语法格式：np.full()

此函数是创建一个指定形状和数据类型的数组，并填充为指定的值。

4. 使用 numpy.arange() 函数

语法格式：np.arange()

此函数是创建一个数组，数组元素是按指定步长排列的序列。

5. 使用 numpy.linspace() 函数

语法格式：np.linspace(start, stop, num, endpoint=True, retstep=False, dtype=None, axis=0)

此函数创建一个数组，数组元素是等差间隔的数值。

参数 start：表示数组元素的起始值。

参数 stop：表示数组元素的结束值。

参数 num：表示要生成的元素个数，默认为 50。

参数 Endpoint=True，或省略，均表示结束值包括在数组元素中，否则不包括。

参数 retstep=False，或省略，均表示返回一个包含均匀间隔数字的数组；若 retstep=True，则返回一个包含均匀间隔数字的数组和步长。

|任务实施|

1. 使用 numpy.array() 函数创建数组

现有一组关于某景区 6 月第 1 周至第 4 周的游客人数为：1100，1500，2200，2600。将其转换为 NumPy 数组。

```python
# 导入 numpy 库
import numpy as np
# 某景区 6 月第 1 周至第 4 周的游客数量
tourist_counts = [1100, 1500, 2200, 2600]
# 转换为 Numpy 数组
tourist_counts_np = np.array(tourist_counts)
print(tourist_counts_np)
```

上述代码是首先将数据赋值给变量 tourist_counts，然后在转换 NumPy 数组时，参数里直接使用的变量名。当然，也可以直接将数据写在参数里。代码为：

```python
# 导入 numpy 库
import numpy as np
# 转换为 Numpy 数组
tourist_counts_np = np.array([1100, 1500, 2200, 2600])
print(tourist_counts_np)
```

上述代码运行结果如图 3-1 所示。

[1100 1500 2200 2600]

图 3-1 数组输出结果

上面代码通过简单方面创建了一个数组的，接着对数组对象常用的属性介绍一下，我们通过查看刚刚创建的数组 tourist_counts_np 的相应属性，来看看具体使用方法。

```python
# 查看数组 tourist_counts_np 的类型
print(type(tourist_counts_np))

# 查看数组 tourist_counts_np 的维度个数
print(tourist_counts_np.ndim)
```

```
# 查看数组 tourist_counts_np 的维度
print(tourist_counts_np.shape)

# 查看数组 tourist_counts_np 元素总个数
print(tourist_counts_np.size)

# 查看数组 tourist_counts_np 元素的具体类型
print(tourist_counts_np.dtype)
```

运行后，得出的结果如图 3-2 所示，注意箭头及箭头指向的文字为截图后对运行结果的备注信息。

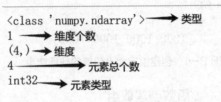

图 3-2　数组属性显示结果

2. 使用 numpy.zeros() 和 numpy.ones() 函数创建数组

现要初始化一个数组，用于记录未来一周每天预计的游客人数（初始化为 0 ）。再创建一个数组，用来记录游客满意度，初始化值为 1，具体代码为：

```
# 导入 numpy 库
import numpy as np
# 创建一个长度为 7（代表一周的天数）的全 0 数组
# 创建一个长度为 4 的全 1 数组
expected_tourists_np = np.zeros(7)
satisfaction_scores = np.ones(4)
print(expected_tourists_np)
print(satisfaction_scores)
```

代码执行后，结果如图 3-3 所示。

```
[0. 0. 0. 0. 0. 0. 0.]
[1. 1. 1. 1.]
```

图 3-3　创建全 0 和全 1 数组显示结果

3. 使用 numpy.full() 函数创建数组

现要创建一个数组，表示四个城市的旅游花费，初始值均为 1000。代码为：

```python
# 导入 numpy 库
import numpy as np
# 创建一个数组，表示四个城市的旅游花费，初始值都设为 1000
constant_expenses = np.full(4, 1000, dtype=int)
print(constant_expenses)
```

代码里，参数 4 代表数组元素个数，1000 代表元素的值，dtype=int 表示元素类型为整型。

运行后，结果如图 3-4 所示。

$$[1000\ 1000\ 1000\ 1000]$$

图 3-4　创建指定大小和值的数据结果

4. 使用 numpy.arange（）函数创建数组

现要创建一个数组，表示某旅游景点从早上 8 点到下午 5 点（含）每小时的游客编号（从 0 开始）。再创建一个数组，表示某旅游景点连续 5 天的旅游人数，从 1000 开始，每天增加 60。具体代码为：

```python
# 导入 numpy 库
import numpy as np
# 创建一个数组，表示从早上 8 点到下午 5 点（含）每小时的游客编号（从 0 开始）
hourly_tourist_ids = np.arange(10)
# 创建一个数组，表示连续 5 天的旅游人数，从 1000 开始，每天增加 60
daily_visitors = np.arange(1000, 1000 + 60*5, 60)
print(hourly_tourist_ids)
print(daily_visitors)
```

代码中，主要使用的是 arange() 函数，该函数生成的数组包括起始值，但不包括结束值。arange(10)，参数仅给出 1 个结束值，表示数组起始值为 0，步长为 1，生成不包括 10 的元素。arange(1000,1000+60*5,60)，参数给出了起始值为 1000，结束值为 1000+60*5，步长为 60。

上述代码执行后，生成的数组结果如图 3-5 所示。

$$[0\ 1\ 2\ 3\ 4\ 5\ 6\ 7\ 8\ 9]$$
$$[1000\ 1060\ 1120\ 1180\ 1240]$$

图 3-5 指定步长创建的数组结果

5. 使用 numpy.linspace() 函数

现要创建一个数组，表示游客对 5 个旅游景点的评分，从 1.0 到 5.0 均匀分布。
具体代码为：

```
# 导入 numpy 库
import numpy as np
# 创建一个数组，表示游客对 5 个旅游景点的评分，从 1.0 到 5.0 均匀分布
rating_scores = np.linspace(1.0, 5.0, 5)
print(rating_scores)
```

上述代码执行后，生成的结果如图 3-6 所示。

$$[1.\ \ 2.\ \ 3.\ \ 4.\ \ 5.]$$

图 3-6 等差间隔的数组结果

下面再看几个使用 np.linspace 生成的数组实例，代码为：

```
# 导入 numpy 库
import numpy as np
# 生成 0 到 10 之间的 5 个均匀分布的数字
arr1 = np.linspace(0, 10, 5)

# 生成 0 到 10 之间的 5 个均匀分布的数字，不包含结束值
arr2 = np.linspace(0, 10, 5, endpoint=False)

# 生成 0 到 10 之间的 5 个均匀分布的数字，并返回间距
arr3, step = np.linspace(0, 10, 5, retstep=True)
print('arr1:',arr1)
print('arr2:',arr2)
print('arr3:',arr3)
print('step:',step)
```

代码执行后，生成的结果如图 3-7 所示。

```
arr1: [ 0.   2.5 5.   7.5 10. ]
arr2: [0. 2. 4. 6. 8.]
arr3: [ 0.   2.5 5.   7.5 10. ]
step: 2.5
```

图 3-7　np.linspace() 不同参数生成的结果

从代码中看出，np.linspace(0, 10, 5)，参数中给出起始值为 0，结束值为 10，均匀生成 5 个元素。np.linspace(0, 10, 5, endpoint=False)，也是均匀生成 5 个元素，但是参数 endpoint=False 表示不包括结束值，所以生成的数组 arr2 和数组 arr1 元素是不一样的。最后一个 np.linspace(0, 10, 5, retstep=True) 函数要返回两个值，一个是数组，一个是间距值，也就是 step。

6. 使用 copy 方式创建数组

现使用上面创建的数组 arr3，再创建一个和 arr3 一样的数组 arr4，那么具体代码为：

```
arr4=np.array(arr3,copy=True)
print('arr3:',arr3)
print('arr4:',arr4)
```

代码执行后，即可创建一个与 arr3 一样的数组，显示结果如图 3-8 所示。

```
arr3: [ 0.   2.5 5.   7.5 10. ]
arr4: [ 0.   2.5 5.   7.5 10. ]
```

图 3-8　复制数组结果

| 拓展练习 |

现收集了五个旅游城市过去一周的气温数据，见表 3-1。请使用 NumPy 创建五个数组分别存储每一个旅游城市的气温数据。

表 3-1　旅游城市一周气温（单位：℃）

旅游城市	周一	周二	周三	周四	周五	周六	周日
三亚	30	31	32	30	29	28	27
昆明	22	23	24	25	26	27	28
北京	10	11	12	13	14	15	16

续表

旅游城市	周一	周二	周三	周四	周五	周六	周日
重庆	16	17	18	19	20	21	22
西安	9	10	11	12	13	14	15

任务二　NumPy 数组的运算

┃任务导入┃

小肖学会了使用 NumPy 创建数组，面对数组数据，他需要对其进行各种运算，如算术运算、统计运算等，任务要求如下：

1. 能够对 NumPy 数组进行四则运算。

2. 能够对 NumPy 数组进行比较运算。

3. 能够对 NumPy 数组进行统计运算。

4. 能够对 NumPy 数组进行线性代数运算。

（一）NumPy 数组的基本运算

NumPy 提供了大量的数组运算功能，包括四则运算、平方根和幂运算、统计运算、线性代数运算等。

1. 四则运算

包括加法、减法、乘法和除法。这些运算是元素级别的，即数组中的每个元素都与其他数组或标量进行相应的运算。

（1）加法和减法

加法可以使用 + 运算符或 np.add() 函数执行元素级的加法。

减法可以使用 − 运算符或 np.subtract() 函数执行元素级的减法。

（2）乘法

乘法可以使用 * 运算符或 np.multiply() 函数执行元素级的乘法。

（3）幂运算

指数组中对应位置元素进行幂运算。幂运算可以使用 ** 运算符或 np.power() 函数执行元素级的幂运算。

2. 比较运算

比较运算包括等于 ==、不等于 !=、大于 >、小于 <、大于等于 >= 和小于等于 <=。这些运算符返回布尔数组。

（二）NumPy 数组的统计运算

NumPy 的统计运算有求和、平均值、中位数、标准差、方差等，这些运算对于分析旅游数据非常有用，可以帮助旅游企业了解游客数量的总体趋势和波动情况。

1. 求和

语法格式：numpy.sum(a, axis=None, dtype=None, out=None, keepdims=<no value>)

计算数组元素总和的函数，可以对整个数组或数组的某个轴进行求和。

参数 a：为输入的数组。

参数 axis：为整数（int）或元组（tuple），默认为 None。指定沿哪个轴进行求和。如果不指定，则返回整个数组的总和。如果指定多个轴，将计算这些轴的交叉点上的总和。

参数 dtype：默认为 None，指定输出的数据类型；如果未指定，则数据类型由输入数组决定。

参数 out：默认为 None，指定一个数组，用于存储求和的结果。

参数 keepdims：为布尔值，默认为 False，则在结果中保留指定轴的维度。如果为 True，则在求和后去除指定轴的维度。

2. 求平均值

语法格式：numpy.mean(a, axis=None, dtype=None, out=None, keepdims=<no value>)

计算数组的平均值。如果指定了轴（axis），则沿该轴计算平均值。参数同求和函数的参数。

3. 求标准差

语法格式：numpy.std(a, axis=None, dtype=None, out=None, ddof=0, keepdims=<no value>)

计算数组的标准差。标准差是方差的平方根，表示数据的离散程度。

参数 ddof：为整数（int），全称为 Delta Degrees of Freedom。在计算方差时，除数是 N－ddof，其中 N 是元素的数量。默认为 0，表示样本标准差使用 N－1 作为除数，而总体标准差使用 N 作为除数。

NumPy 的统计运算还有方差、最小值、最大值、中位数、累积和，下面给出简单的使用格式，就不再一一举例。

计算数组的方差：numpy.var()

计算数组的最小值：numpy.min()

计算数组的最大值：numpy.max()

计算数组的累积和：numpy.cumsum()

计算数组的中位数：np.median()

（三）NumPy 数组的线性代数运算

线性代数运算，这里主要介绍矩阵乘法，在 NumPy 中，矩阵乘法主要涉及 multiply()、dot() 和 matmul() 这几个函数，但需要注意的是，multiply() 实际上是逐元素乘法，而不是传统意义上的矩阵乘法。这里就不再对 multiply() 作介绍。

1. 矩阵乘法——使用 numpy.dot(a1, a2)

对于一维数组，这个函数是对两个数组进行点积运算；对于二维及以上数组，这个函数是对数组进行矩阵乘积运算。如果 a1 和 a2 都是一维数组，那么结果是一个标量；如果 a1 是二维的且 a2 是一维的（或反之），那么它执行矩阵和向量的乘积；如果 a1 和 a2 都是二维的，那么它执行矩阵乘法。

2. 矩阵乘法——使用 numpy.matmul(a1, a2) 或 @ 运算符

numpy.matmul(a1, a2) 函数或 @ 运算符也用于计算两个数组的矩阵乘积。与 dot() 类似，但它更明确地表示了矩阵乘法的意图，并且在处理高维数组时与 numpy.dot() 略有不同，尽管在二维情况下与 dot() 等价。

|任务实施|

1. 四则运算

（1）加法和减法运算

创建两个旅游数据数组 scenic1_visitors 和 scenic2_visitors，分别表示两个景区的

日游客数量。scenic1_visitors 的数据为 100，150，200，250。scenic2_visitors 的数据为 80，120，160，200。现要求出两个景区的日游客数量总和以及两个景区的日游客数量的差值。

具体代码如下：

```python
# 导入 numpy 库
import numpy as np

# 创建两个数组，分别表示两个景区的日游客数量
scenic1_visitors = np.array([100, 150, 200, 250])
scenic2_visitors = np.array([80, 120, 160, 200])

# 两个景区日游客数量的总和，使用加法运算
total_visitors = scenic1_visitors + scenic2_visitors
print('总游客数：', total_visitors)

# 两个景区日游客数量的差值，使用减法运算
difference = scenic1_visitors - scenic2_visitors
print('游客数量差值：', difference)
```

2 个数组相加或相减，实际就是对 2 个数组相应的元素进行相加或相减，上述数组相加，即 [100+80 150+120 200+160 250+200]，相减，即 [100-80 150-120 200-160 250-200]。

所以代码运行后，得到的结果如图 3-9 所示。

总游客数：[180 270 360 450]
游客数量差值：[20 30 40 50]

图 3-9 数组加减法运算结果

现将景区 1 的日游客数量统一加上 60，应用时，只需要数组名加上 60，那么代码为：

```python
# 导入 numpy 库
import numpy as np
scenic1_visitors = np.array([100, 150, 200, 250])
print('前 scenic1_visitors:', scenic1_visitors)

# 将 scenic1_visitors 数组每个元素都加上 60
```

```
scenic1_visitors=scenic1_visitors + 60
print('后 scenic1_visitors:',scenic1_visitors)
```

数组每个元素都要加 60，上述数组运算时，即 [100+60 150+60 200+60 250+60]，那么代码执行后，可以看到前后的数据对比，如图 3-10 所示。

前scenic1_visitors: [100 150 200 250]
后scenic1_visitors: [160 210 260 310]

图 3-10　数组元素统一加数结果

（2）乘法

有 2 个数组 visitors 和 per_person_expense，一个表示旅游人数，另一个表示人均消费，visitors 数组的数据为 1200，1500，1100，1300，per_person_expense 数组的数据为 100，120，90，110。现要计算出总消费，则用旅游人数乘以人均消费，具体代码为：

```
# 导入 numpy 库
import numpy as np

# 2个数组，1个表示旅游人数，1个表示人均消费
visitors = np.array([1200, 1500, 1100, 1300])
per_person_expense = np.array([100, 120, 90, 110])

# 计算总消费，使用乘法
total_expense = visitors * per_person_expense
print('总消费为 :',total_expense)
```

2 个数组对应位置元素相乘，即 [1200*100 1500*120 1100*90 1300*110]，运行后，计算出的总消费结果如图 3-11 所示。

总消费为: [120000 180000 99000 143000]

图 3-11　两数组相乘的结果

（3）幂运算

指数组中对应位置元素进行幂运算。如数组 a1[2,4]，数组 a2[3,5]，那么这 2 个数组进行幂运算，计算时即 [2**3,4**5]。将其在代码中实现为：

```
# 导入 numpy 库
import numpy as np
# 创建 2 个数组
a1=np.array([2,4])
a2=np.array([3,5])

# a1,a2 进行幂运算
a3=a1**a2
print(' 幂运算结果为：',a3)
```

代码运行后，计算结果显示如图 3–12 所示。

幂运算结果为： [8 1024]

图 3–12   幂运算结果

2. 比较运算

现要找出两个景区日游客数量多的景区，可以采用比较运算。假设景区 1 的游客数量多于景区 2 的游客数量。代码为：

```
# 找出日游客数量多的景区，使用比较运算
more_visitors= scenic1_visitors > scenic2_visitors
print(more_visitors)
```

代码执行后，显示结果如图 3–13 所示。

[True   True   True   True]

图 3–13   比较运算结果

3. NumPy 数组的统计运算

（1）求和

现使用前面景区 1 的日游客数量数组 scenic1_visitors，要求计算出该景区的日游客人数总和。这里可以看出求和是针对一个数组内的数据，而前面四则运算里加法是针对两个数组间的数据。那么 sum() 的具体用法为：

```
# 导入 numpy 库
import numpy as np
```

```
# 创建数组 scenic1_visitors，表示景区 1 的日游客数量
scenic1_visitors = np.array([100, 150, 200, 250])

# 计算景区 1 的日游客数量之和
total_visitors = np.sum(scenic1_visitors)
print('景区 1 的总游客数量为：',total_visitors)
```

代码运行后，结果显示如图 3-14 所示。

景区1的总游客数量为： 700

图 3-14　求和的结果

（2）求平均值

现仍使用前面景区 1 的日游客数量数组 scenic1_visitors，要求计算出该景区的日游客人数的平均值，则使用 np.mean()，具体代码为：

```
# 导入 numpy 库
import numpy as np

# 创建数组 scenic1_visitors，表示景区 1 的 4 日游客数量
scenic1_visitors = np.array([100, 150, 200, 250])

# 计算景区 1 的 4 日游客数量的平均值
avg_visitors = np.mean(scenic1_visitors)
print('景区 1 的平均游客数量为：',avg_visitors)
```

代码运行后，计算出的平均游客人数结果如图 3-15 所示。

景区1的平均游客数量为： 175.0

图 3-15　求平均值结果

（3）求标准差

现在计算景区 1 的日游客数量的标准差。使用 np.std()，具体代码为：

```
# 导入 numpy 库
import numpy as np

# 创建数组 scenic1_visitors，表示景区 1 的 4 日游客数量
```

```
scenic1_visitors = np.array([100, 150, 200, 250])

# 计算景区 1 的 4 日游客数量的标准差
std_visitors = np.std(scenic1_visitors)
print(' 景区 1 的日游客数量标准差为: ',std_visitors)
```

运行结果如图 3-16 所示。

景区1的日游客数量标准差为： 55.90169943749474

图 3-16　求标准差结果

从图 3-16 中可以看出，计算出的标准差数据小数位数太多。实际应用中，在计算标准差时可以对结果保留小数，如上述标准差保留 3 位小数，则需要 np.std() 后跟上 round(3) 函数。代码表示为：

```
std_visitors = np.std(scenic1_visitors).round(3)
std_visitors
```

此代码计算出的标准差为 55.902。

4. 线性代数运算

（1）矩阵乘法——使用 numpy.dot(a1, a2)

现有两个矩阵，一个表示不同旅游活动的成本 costs，另一个表示活动开展的频率 frequencies。若要计算开展旅游活动的总成本。则需要将两个矩阵进行相乘。两个矩阵分别为：

矩阵 costs　　　矩阵 frequencies

$$\begin{bmatrix} 200 & 150 \\ 300 & 250 \end{bmatrix} \qquad \begin{bmatrix} 3 & 2 \\ 4 & 3 \end{bmatrix}$$

计算开展旅游活动的总成本的代码为：

```
# 导入 numpy 库
import numpy as np

# 两个矩阵，一个表示不同旅游活动的成本，另一个表示活动开展的频率
costs = np.array([[200, 150], [300, 250]])
frequencies = np.array([[3, 2], [4, 3]])
```

```
# 计算总成本
total_costs = np.dot(costs, frequencies)
print(total_costs)
```

使用 np.dot() 计算两个数组二维数组的乘积时，计算结果是这样得到的：

$$\begin{vmatrix} 200*3+150*4 & 200*2+150*3 \\ 300*3+250*4 & 300*2+250*3 \end{vmatrix}$$

执行代码后，运行结果如图 3-17 所示，也可以通过上述矩阵的计算过程验证一下。

$$\begin{bmatrix} [1200 & 850] \\ [1900 & 1350] \end{bmatrix}$$

图 3-17 矩阵乘法结果

（2）矩阵乘法——使用 numpy.matmul(a1, a2) 或 @ 运算符

现仍使用上机 numpy.dot() 用到的矩阵 costs 和矩阵 frequencies，这里使用 numpy.matmul(a1,a2) 来计算开展旅游活动的总成本。具体代码为：

```
# 导入 numpy 库
import numpy as np

# 两个矩阵，一个表示不同旅游活动的成本，另一个表示活动开展的频率
costs = np.array([[200, 150], [300, 250]])
frequencies = np.array([[3, 2], [4, 3]])

# 计算总成本
total_costs = np.matmul(costs, frequencies)
print(total_costs)
```

代码执行结果与使用 numpy.dot() 结果一样，见图 3-17。

| 拓展练习 |

使用任务 3.1 拓展练习的 NumPy 创建的数组，完成以下要求：

（1）将存放西安气温的数组和北京气温的数组相加。

（2）计算出西安一周气温的平均值。

任务三 NumPy 数组的访问与转换

| 任务导入 |

小肖现在已经能够对 NumPy 数组进行基本运算，现在他需要索引（Indexing）和切片（Slicing）访问 NumPy 数组的数据，数组有一维也有多维的，任务要求如下：

1. 能够使用索引和切片访问一维数组元素。

2. 能够使用索引和切片访问多维数组元素。

3. 能够对 NumPy 数组进行重塑。

4. 能够对 NumPy 数组进行转换。

（一）使用索引访问数组元素

在 NumPy 中，索引（Indexing）和切片（Slicing）是两种用于访问和修改数组元素的基本方法。

1. 索引

索引用于访问数组中的单个元素或多个特定元素。在 NumPy 中，索引通常是从 0 开始的，从前面向后面元素依次编号，这种编号方式称为正向索引。实际上，索引的编号还有另外一种方式，即从 –1 开始，从后面向前面元素依次编号，这种编号方式称为反向索引。

2. 切片

切片其实就是将一个数组分割成多个片段，与 Python 列表的切片操作一样。NumPy 使用切片访问数组元素时，获取结果从起始索引开始，到结束索引前 1 位，也就是说含头不含尾，用数学的区间表示为左闭右开区间。

（二）数组重塑

在 NumPy 中，数组重塑指在不改变数据的情况下改变数组的形状，通过 reshape 函数实现。reshape 是重新定义数组形状的方法，而不改变其数据。这意味着可以将数组从一种维度转换为另一种维度，只要新形状的元素总数与原始数组相同。

语法格式：numpy.reshape(arr, newshape, order)

说明：返回一个新的数组，其形状由 newshape 指定，数据与原始数组相同。

参数 arr：为数组（ndarray），表示要重塑的原始数组。

参数 newshape：为整数（int）或元组（tuple），数组的新形状。如果是一个整数，数组将成为一维数组，长度为该整数。如果是一个元组，数组将变为相应维度的形状。

参数 order：字符串（str），默认为 'C'。用于指定元素在内存中的读取顺序。'C' 表示按行读取（C 语言风格），'F' 表示按列读取（Fortran 风格），'A' 表示按任何顺序，只要能保持元素的相对顺序。

（三）数组转换

数组转换是矩阵操作中的一个基本概念，它指的是将矩阵的行变成列，列变成行。数组转置可以使用 numpy 的 transpose() 方法，numpy.transpose() 函数可以对多维数组进行转置操作。如果转换一个多维数组，可以使用这个函数来交换数组的轴。也可以使用 NumPy 的 .T 属性，数组对象的 .T 属性是进行转置的另一种快捷方式。这种方式在语法上更简洁，特别是在处理二维数组时。无论使用哪种方法，实现的功能都是一样的。

（四）转变数据类型

在处理数据时，通常需要转变现有的数据类型，NumPy 中采用 np.astype() 函数，用于将数组的数据类型转换为指定的类型。这个方法返回的是原始数组的一个新副本，该副本的数据类型已经转换为指定的类型。

语法格式：np.astype(newtype)

说明：参数 newtype 用于指定需要转换成的数据类型，数据类型（dtype）可以是数据类型的字符串表示，如 'int32' 为整型、'float64' 为浮点型，也可以是 NumPy 的数据类型对象，如 np.int32、np.float64。

| **任务实施** |

1. 使用索引访问 NumPy 数组的元素

（1）访问一维数组元素

现有一个一维数组 visitors，该数组表示某景区一周的游客人数，游客人数周一到周日分别为：130，150，160，180，200，300，260，那么数组每个元素对应的索引如表 3-2 所示。

表 3-2　数组 visitors 元素与索引对应表

索引	0	1	2	3	4	5	6
元素	130	150	160	180	200	300	260

现在要访问周一和周五的游客人数，具体代码为：

```
# 导入 numpy
import numpy as np

# 创建一个一维数组，表示一周的游客人数
visitors = np.array([130,150,160,180,200,300,260])

# 访问周一的游客人数
print('周一游客人数：',visitors[0])

# 访问周五的游客人数
print('周五游客人数：',visitors[4])
```

代码运行后，显示结果如图 3-18 所示。

周一游客人数：　130
周五游客人数：　200

图 3-18　访问一维数组结果

表 3-2 中，索引是从 0 开始，从前面向后面元素依次编号，这种编号方式称为正向索引。索引的编号还有另外一种方式，即从 -1 开始，从后面向前面元素依次编号，这种编号方式称为反向索引，如上述数组元素的索引也可以这样编号，如表 3-3 所示。

表 3-3　数组 visitors 元素与索引对应表

索引	-7	-6	-5	-4	-3	-2	-1
元素	130	150	160	180	200	300	260

那么，同样的，访问周一和周五的游客人数，代码可写为：

```
# 导入 numpy
import numpy as np

# 创建一个一维数组，表示一周的游客人数
visitors = np.array([130,150,160,180,200,300,260])

# 访问周一的游客人数
print('周一游客人数: ',visitors[-7])

# 访问周五的游客人数
print('周五游客人数: ',visitors[-3])
```

运行的结果与图 3-18 一致。

（2）访问多维数组

二维及以上维度数组，在访问时需要给出每个维度上的索引。

如使用项目二中某景点 1 月至 6 月游客人数的数据，数据详见表 3-4。

表 3-4　某景区 1 月至 6 月游客人数统计表（单位：人次）

月份 周次	第 1 周	第 2 周	第 3 周	第 4 周
1 月	550	650	350	450
2 月	780	670	401	449
3 月	460	430	540	370
4 月	680	560	408	452
5 月	2100	1400	740	760
6 月	1800	1300	600	800

上述表格转换为数组，即为 6×4 的二维数组。将表 3-4 某景区 1 月至 6 月游客

人数统计表转换为行和列索引对照表，见表 3-5。如要分别访问 2 月第 2 周的游客人数数据和 6 月第 4 周的游客人数数据。在访问时，需要给出每行对应的索引和每列对应的索引。

表 3-5　某景区 1 月至 6 月游客人数索引对照表（单位：人次）

	0	1	2	3
0	550	650	350	450
1	780	670	401	449
2	460	430	540	370
3	680	560	408	452
4	2100	1400	740	760
5	1800	1300	600	800

具体代码为：

```
# 导入 numpy
import numpy as np

# 创建一个二维数组，表示 1 月至 6 月的游客人数
visitors = np.array([[550,650,350,450],[780,670,401,449],
          [460,430,540,370],[680,560,408,452],
          [2100,1400,740,760],[1800,1300,600,800]])
# 访问 2 月第 2 周的游客人数
print('2 月第 2 周的游客人数 :',visitors[1,1])

# 访问 6 月第 4 周的游客人数
print('6 月第 4 周的游客人数 :',visitors[5,3])
```

代码运行后，结果如图 3-19 所示。

2月第2周的游客人数：670
6月第4周的游客人数：800

图 3-19　访问二维数组指定元素的结果

该实例是访问二维数组的一个元素，即给出行列索引值，若在访问时需要访问的是一个月的游客人数，那么索引值只需要给出行所在的索引。

现在访问 3 月和 5 月的游客人数，具体代码为：

```
# 导入 numpy
import numpy as np

# 创建一个二维数组，表示 1 月至 6 月的游客人数
visitors = np.array([[550,650,350,450],[780,670,401,449],
            [460,430,540,370],[680,560,408,452],
            [2100,1400,740,760],[1800,1300,600,800]])
# 访问 3 月的游客人数
print('3 月的游客人数 :',visitors[2])

# 访问 5 月的游客人数
print('5 月的游客人数 :',visitors[4])
```

上述代码可以看出，访问 3 月和 5 月的数据时只给了一个行所对应的索引，代码运行后，结果为图 3-20 所示：

3月的游客人数：[460 430 540 370]
5月的游客人数：[2100 1400　740　760]

图 3-20　访问二维数组某行的结果

2. 使用切片访问 NumPy 数组的元素

（1）访问一维数组

如访问一维数组 visitors，该数组表示某景区一周的游客人数，现要分别访问周一至周三的游客人数和周三至周五的游客，代码表示为：

```
# 导入 numpy
import numpy as np

# 创建一个一维数组，表示一周的游客人数
visitors = np.array([130,150,160,180,200,300,260])

# 访问周一到周三的游客人数
print(' 周一到周三游客人数: ',visitors[0:3])

# 访问周三到周日的游客人数
```

```
print('周三至周日游客人数：',visitors[2:7])
```

代码也可以这样表示：

```
# 访问周一至周三的游客人数
print('周一至周三游客人数：',visitors[:3])

# 访问周三至周日的游客人数
print('周三至周日游客人数：',visitors[2:])
```

代码运行后，结果如图 3-21 所示。

周一至周三游客人数：[130 150 160]
周三至周日游客人数：[160 180 200 300 260]

图 3-21 切片访问一维数组结果

从上述代码可以看出，NumPy 使用切片访问数组元素时，获取结果从起始索引开始，到结束索引前 1 位。如 visitors[0:3]，表示从索引 0 开始，至索引 2 结束。访问数据若从 0 开始，在代码中可以省略起始索引，只写结束索引，如 visitors[:3]；若访问的数据到数组的最后一位，那么在书写代码时，可以把结束索引省略，只写起始索引，如 visitors[2:]。

（2）访问二维数组

现使用表 3-4 某景区 1 月至 6 月游客人数统计表里的数据，前面使用索引时，可以访问数据指定的一个元素，或者一行。那么在实际应用中，如果要访问几个元素，应该怎么表示呢？这里就需要用到切片索引的操作。

现要访问某景区 1 月至 6 月游客人数里 1 月第 1 周和第 2 周至 2 月第 1 周和第 2 周的游客人数。

二维数组索引使用需要指出行索引和列索引，同样，使用切片时，需要给出行索引区域和列索引区域，对照表 3-4 某景区 1 月至 6 月游客人数索引对照表，实现上述要求，代码应表示为：

```
# 导入 numpy
import numpy as np
```

```
# 创建一个二维数组，表示 1 月至 6 月的游客人数
visitors = np.array([[550,650,350,450], [780,670,401,449],
              [460,430,540,370], [680,560,408,452],
              [2100,1400,740,760], [1800,1300,600,800]])
# 访问 1 月第 1 周和第 2 周至 2 月第 1 周和第 2 周的游客人数
print(visitors[0:2,0:2])
```

代码也可以表示为：

```
# 访问 1 月第 1 周和第 2 周至 2 月第 1 周和第 2 周的游客人数
print(visitors[:2,:2])
```

这两种不同的书写格式，执行的结果均如图 3-22 所示。

$$[[550\ 650]$$
$$[780\ 670]]$$

图 3-22　切片访问二维数组结果

下面给出使用切片访问表 3-4 某景区 1 月至 6 月游客人数统计表里不同数据的代码，可以帮助我们更加熟悉切片索引操作的使用方法。

```
# 访问 2 月第 3 周和第 4 周至 4 月第 3 周和第 4 周的游客人数
print('2 月第 3 周和第 4 周至 4 月第 3 周和第 4 周的游客人数 :\n',
    visitors[1:4,2:])

# 访问 3 月第 2 周和第 3 周至 5 月第 2 周和第 3 周的游客人数
print('3 月第 2 周和第 3 周至 5 月第 2 周和第 3 周的游客人数 :\n',
    visitors[2:5,1:3])

# 访问 1 月第 1 周到第 3 周至 3 月第 1 周到第 3 周的游客人数
print('1 月第 1 周到第 3 周至 3 月第 1 周到第 3 周的游客人数 :\n',
    visitors[0:3,0:3])
```

代码中，有的省略了结束索引，有的可以省略，但是没有省，实际应用中，可以根据自己习惯选择书写方式。

代码运行后，执行结果如图 3-23 所示。

2月第3周和第4周至4月第3周和第4周的游客人数:
[[401 449]
[540 370]
[408 452]]
3月第2周和第3周至5月第2周和第3周的游客人数:
[[430 540]
[560 408]
[1400 740]]
1月第1周到第3周至3月第1周到第3周的游客人数:
[[550 650 350]
[780 670 401]
[460 430 540]]

图 3-23　切片访问二维数组更多元素结果

3. 数组重塑

（1）基本重塑

```
import numpy as np

# 创建一个一维数组 arr1
arr1 = np.arange(6)

# 将其重塑为 2x3 的二维数组 arr2
arr2 = arr1.reshape((2, 3))

print(' 一维数组 arr1:\n',arr1)
print(' 二维数组 arr2:\n',arr2)
```

上述代码，首先创建一个一维数组 arr1，元素为 0，1，2，3，4，5，接着将其转换为 2 行 3 列的二维数组。数组元素个数是不发生变化的。具体结果如图 3-24 所示。

一维数组arr1:
[0 1 2 3 4 5]
二维数组arr2:
[[0 1 2]
[3 4 5]]

图 3-24　数组重塑结果

（2）-1 作为维度

在 NumPy 的 reshape() 函数中，如果新形状中的某个维度被指定为 -1，那么

NumPy 会自动计算该维度的大小，以确保重塑后的数组包含与原始数组相同数量的元素。这通常用于当我们不知道重塑后数组的确切行数或列数，但知道另一个维度的大小，并且希望 NumPy 为我们自动计算另一个维度的大小时。如下面代码：

```
# 将数组重塑为 2 列，行数由 NumPy 自动计算
arr3 = arr1.reshape(-1, 2)
print(arr3)
```

这里，–1 被用作新形状的第一个维度（行数），而 2 是第二个维度（列数）。NumPy 会计算第一个维度（行数）应该是多少，以便 arr3 包含与 arr1 相同数量的元素，arr1 里共有 6 个元素，所以这里会计算出 arr3 共有 3 行，每行有 2 个元素。运行结果如图 3-25 所示。

$$[[0\ 1]$$
$$[2\ 3]$$
$$[4\ 5]]$$

图 3-25　–1 作为维度计算出的形状

（3）多维数组重塑

多维数组也可以被重塑，如将三维数组 arr4 重塑为二维数组 arr5。

```
# 创建一个三维数组 arr4
arr4 = np.arange(24).reshape((2, 3, 4))

# 将其重塑为 3x8 的二维数组 arr5
arr5 = arr4.reshape((3, 8))
print('三维数组 arr4\n',arr4)
print('重塑后数组 arr5\n',arr5)
```

这里，首先创建一个含有 24 个元素（0—23）的三维数组 arr4，然后将其重塑为二维数组 arr5，代码运行后，即可看到改变形状后的数组，如图 3-26 所示。

数组重塑操作不会改变数组数据的总数，只是改变了其组织方式。reshape 返回的是原数组的一个视图，这意味着它不会消耗额外的内存来存储数据的副本。使用

reshape 方法时，要确保新形状与原数组的总元素数相匹配，否则 NumPy 将无法执行重塑操作。

```
       三维数组arr4
       [[[ 0  1  2  3]
         [ 4  5  6  7]
         [ 8  9 10 11]]

        [[12 13 14 15]
         [16 17 18 19]
         [20 21 22 23]]]
       重塑后数组arr5
       [[ 0  1  2  3  4  5  6  7]
        [ 8  9 10 11 12 13 14 15]
        [16 17 18 19 20 21 22 23]]
```

图 3-26　多维数组重塑

下面看一个旅游方面的数据，现有四个景点的游客人数统计表，每个景点只统计了 7 月和 8 月的游客人数。首先创一个一维数组存储数据，然后将其重塑为 4 行 2 列的二维数组，这样可以更清楚地看出每个景点 7 月和 8 月的游客人数。具体代码为：

```python
import numpy as np

# 创建一维数组，存放四个旅游景点在7月和8月的游客人数
visit_counts = np.array([1200, 1500, 1100, 1300, 1300, 1600, 1200, 1400])

# 将一维数组转换为二维数组，每行代表一个景点，每列代表一个月
visit_counts_reshaped = visit_counts.reshape(4, 2)
print('一维数组: \n',visit_counts)
print('二维数组: \n',visit_counts_reshaped)
```

代码运行后，结果如图 3-27 所示。

```
       一维数组：
       [1200 1500 1100 1300 1300 1600 1200 1400]
       二维数组：
       [[1200 1500]
        [1100 1300]
        [1300 1600]
        [1200 1400]]
```

图 3-27　一维数组变二维数组结果

4. 数组转换

现有三个景点三个月份（3月、4月、5月）的游客人数，如表3-6。

表 3-6 三个景点三个月份游客人数统计表（单位：人次）

月份 景点	3月	4月	5月
景点 A	1000	1500	2000
景点 B	1200	1800	2200
景点 C	900	1300	1700

现创建一个 3×3 的二维数组，然后将其转置，观察两个数组的变化。

具体代码如下：

```
import numpy as np

#三个景点（A，B，C）和三个月份（3月、4月、5月）的旅游人数数据
tourism_data = np.array([[1000, 1500, 2000],    # 景点A的旅游人数
             [1200, 1800, 2200],    # 景点B的旅游人数
             [900, 1300, 1700]])    # 景点C的旅游人数

# 矩阵的行表示城市，列表示年份
print('原始数据矩阵:\n', tourism_data)

# 使用 NumPy 的 .T 属性来转置矩阵
transposed_data = tourism_data.T

print(' 转置后的数据矩阵:\n', transposed_data)
```

数组转置代码也可以这样表示：

```
# 矩阵的行表示城市，列表示年份
print(' 原始数据矩阵:\n', tourism_data)

# 使用 NumPy 的 transpose() 方法来转置矩阵
transposed_data = tourism_data.transpose()

print(' 转置后的数据矩阵:\n', transposed_data)
```

运行代码后，结果如图 3-28 所示。可以看出，原来的行数据，变成了现在的列数据；相反，原来的列数据，变成了现在的行数据。

原始数据矩阵：
[[1000 1500 2000]
 [1200 1800 2200]
 [900 1300 1700]]
转置后的数据矩阵：
[[1000 1200 900]
 [1500 1800 1300]
 [2000 2200 1700]]

图 3-28　数组转置结果

5. 转变数据类型

现有某人去 4 个不同城市旅游的花费，消费金额分别为 1200.0, 1500.0, 1100.0, 1300.0，单位为元。现要将这些金额转变为整数，那么具体代码为：

```python
# 导入 numpy
import numpy as np

# 某人旅游花费的数据，初始类型为 float
expenses = np.array([1200.0, 1500.0, 1100.0, 1300.0])

# 将数据类型转换为整数
expenses_int = expenses.astype(int)
print(' 转换前数据类型: ',expenses.dtype)
print(expenses_int)
print(' 转换后数据类型: ',expenses_int.dtype)
```

代码执行后，结果如图 3-29 所示。

转换前数据类型： float64
[1200 1500 1100 1300]
转换后数据类型： int32

图 3-29　数据类型转换结果

同样，int 类型也可以转换成 float 类型，如上述 expenses 数组在创建时，初始化为 int，然后将其转换为 float 类型。具体代码为：

```
# 导入 numpy
import numpy as np
# 某人旅游花费的数据，初始类型为 int
expenses = np.array([1200, 1500, 1100, 1300])

# 将数据类型转换为浮点数
expenses_int = expenses.astype(float)

print(' 转换前数据类型: ',expenses.dtype)
print(expenses_int)
print(' 转换后数据类型: ',expenses_int.dtype)
```

上述代码运行后，结果如图 3-30 所示。

转换前数据类型：　int32
[1200. 1500. 1100. 1300.]
转换后数据类型：　float64

图 3-30　整数转浮点数结果

其实，NumPy 数据类型的整数，又分为 int8（8 位有符号整数），int16（16 位有符号整数），int32（32 位有符号整数），int64（64 位有符号整数），浮点数也分为 float16［半精度浮点数（16 位）］，float32［单精度浮点数（32 位）］，float64［双精度浮点数（64 位），numpy 中默认浮点数类型］，在应用时，直接使用 int 或者 float，不需要提前定义。但是使用指定位数的 int 或者 float 就需要提前定义。如下面代码：

```
import numpy as np

# 创建一个浮点数数组
arr = np.array([1.1, 2.2, 3.3, 4.4, 5.5], dtype=np.float32)

# 将数组转换为 float64 类型，保留小数点
arr_float64 = arr.astype(np.float64)

print('float32 类型: \n',arr)
print('float64 类型: \n',arr_float64)
```

代码中，创建浮点数数组 arr 时，参数里加上了 dtype=np.float32 用来定义数据

类型。代码运行后，结果如图 3-31 所示。

```
float32类型：
[1.1 2.2 3.3 4.4 5.5]
float64类型：
[1.10000002 2.20000005 3.29999995 4.4000001  5.5        ]
```

图 3-31　float32 类型转 float64 类型结果

若在创建 arr 时，不定义数据类型，代码写为：

```
import numpy as np

# 创建一个浮点数数组
arr = np.array([1.1, 2.2, 3.3, 4.4, 5.5])

# 将数组转换为 float64 类型
arr_float64 = arr.astype(np.float64)

print('原数组 arr 数据类型: ',arr.dtype)
print(arr)
print(' 转换后 arr_float64 类型: ',arr_float64.dtype)
print(arr_float64)
```

代码运行后，执行结果如图 3-32 所示。

```
原数组arr数据类型： float64
[1.1 2.2 3.3 4.4 5.5]
转换后arr_float64类型： float64
[1.1 2.2 3.3 4.4 5.5]
```

图 3-32　转为指定浮点数类型结果

从运行结果可以看出，在创建数组时没有定义数据类型，numpy 则根据数据来判断数据类型为 float64，此类型也是 numpy 默认的浮点数类型，接着将其转换为 float64 类型，在此处属于多余，原本此数组类型就是 float64 类型。

| 拓展练习 |

分别使用索引和切片的方法访问任务 3.1 拓展练习创建的存放重庆一周气温的 NumPy 数组。

任务四　NumPy 数组的基本操作

｜任务导入｜

小肖对 NumPy 数组的创建方法和运算已经熟悉，他在处理数据过程中需要对 NumPy 数组进行增加数据、修改数据、删除数据。因此，任务要求为：

1. 能够对 NumPy 数组进行增加数据。

2. 能够对 NumPy 数组进行修改数据。

3. 能够对 NumPy 数组进行删除数据。

（一）NumPy 数组的基本操作

在 NumPy 中，数组的基本操作主要有插入、删除和修改数据等操作。

1. 插入数据

语法格式：np.insert(arr, obj, values, axis=None)

说明：该函数用于在数组中的指定位置插入值，返回一个新的数组，包含了插入了 values 的结果，原始数组 arr 不会被修改。

参数 arr：要插入数据的数组名。

参数 obj：在其之前插入值的索引，这个参数可以是一个整数，表示插入位置的索引；也可以是一个整数数组，表示在多个位置插入。

参数 values：要插入的值，这些值的形状必须与原始数组在插入轴上的形状相匹配。

参数 axis：沿着它插入值的轴，如果未提供，则输入数组会被展平。

2. 删除数据

语法格式：np.delete(arr, obj, axis=None)

说明：该函数用于删除数组中指定元素。返回一个新的数组，包含了删除指定元素后的结果，原始数组 arr 不会被修改。

参数 arr：指要删除的数组名，这是要从其中删除元素的原始数组。

参数 obj：要删除的元素的索引。

参数 axis：沿着它删除元素的轴。

3. 修改数据

NumPy 中修改数据，是直接指定索引进行修改。

| 任务实施 |

1. 插入数据

现有数组的数据为 1，2，3，4，5，根据应用需要在 3 前插入数据 6，再在原数据最后插入数据 7。那么代码为：

```python
import numpy as np

# 创建一个一维数组
new_arr1 = np.array([1, 2, 3, 4, 5])

# 在索引 2 之前插入值 6
new_arr2 = np.insert(new_arr1, 2, 6)
print('插入值 6 的结果: ',new_arr2)

# 在最后插入值 7
new_arr3 = np.insert(new_arr1,5,7)
print('插入值 7 的结果: ',new_arr3)
```

代码执行结果为图 3-33 所示。

插入值6的结果： [1 2 6 3 4 5]
插入值7的结果： [1 2 3 4 5 7]

图 3-33 插入新数据的结果

上述代码实现了插入新数据的功能，特别是在最后插入值 7 的那行代码中，索引为 5，原数据里最大索引为 4，这里指在 5 前插入值 7，所以新数据放在原数据的最后一位。

若将数据 7 插入在新数组 new_arr2 的尾部，这样代码需要修改为：

```python
import numpy as np
```

```
# 创建一个一维数组
new_arr1 = np.array([1, 2, 3, 4, 5])

# 在索引 2 之前插入值 6
new_arr2 = np.insert(new_arr1, 2, 6)
print('插入值 6 的结果: ',new_arr2)

# 在最后插入值 7
new_arr3 = np.insert(new_arr2,6,7)
print('插入值 7 的结果: ',new_arr3)
```

代码运行后，可以看到数组的结果如图 3-34 所示。

插入值6的结果： [1 2 6 3 4 5]
插入值7的结果： [1 2 6 3 4 5 7]

图 3-34 插入 2 个数据的结果

从结果可以看出，数组 new_arr3 里的数据，其实就是在原数据里插入 2 个数据，分别在值 3 前插入 6，在最后插入值 7。实现这个功能，也可以在一个插入语句中进行，代码为：

```
import numpy as np

# 创建一个一维数组
new_arr1 = np.array([1, 2, 3, 4, 5])

# 在索引数组 [2, 5] 之前插入值 [6, 7]
#即在索引 2 之前插入 6，在索引 5 之前插入 7
new_arr2 = np.insert(new_arr1, [2, 5], [6, 7])

print('原始数据: ',new_arr1)
print('插入值 6 和 7 后的数据: ',new_arr2)
```

代码中，[2，5] 表示的是插入数据的索引，这里需要注意，2 和 5 指的是原始数据里的索引，[6，7] 表示需要插入的数据。代码运行后，执行结果如图 3-35 所示。

原始数据： [1 2 3 4 5]
插入值6和7后的数据： [1 2 6 3 4 5 7]

图 3-35 插入数据新旧数组对比结果

现使用项目二中景点地点及门票价格相关数据来实现插入新数据，原始数据见表 3-7 景点门票价格表。要求依此数据创建一个数组。

表 3-7　景点门票价格

景点名称	景点地点	门票价格（元）
景点 A	重庆	80
景点 B	成都	90
景点 C	北京	120
景点 D	杭州	100
景点 E	上海	150

创建数组 scenic_arr 代码如下：

```
import numpy as np

# 景点地点及门票价格
scenic_arr = np.array([['景点 B','成都 ', 90], ['景点 C','北京 ', 120],
                 ['景点 D','杭州 ', 100], ['景点 E','上海 ', 150]])
print(scenic_arr)
```

数组创建后的执行结果如图 3-36 所示。

```
[['景点B' '成都' '90']
 ['景点C' '北京' '120']
 ['景点D' '杭州' '100']
 ['景点E' '上海' '150']]
```

图 3-36　创建数组结果

根据表 3-7 的内容，对比创建的 scenic_arr 数组结果，发现数组 scenic_arr 里数据少了一行。那么插入数据的代码为：

```
# 要插入的数据
new_scenic = ['景点 A','重庆 ',80]

# 使用 np.insert() 在索引 0 的位置插入新数据
# axis=0 表示沿着第一个轴（行方向）插入
scenic_arr = np.insert(scenic_arr, 0, values=new_scenic, axis=0)

print(scenic_arr)
```

代码中，将新数据以列表的方式赋值给 new_scenic，然后在 np.insert() 的参数中让 new_scenic 的数据赋值给 values，并且是按行的方向插入新数据。

由此，执行的结果为图 3-37 所示。

```
[['景点A' '重庆' '80']
 ['景点B' '成都' '90']
 ['景点C' '北京' '120']
 ['景点D' '杭州' '100']
 ['景点E' '上海' '150']]
```

图 3-37　插入数据结果

现在需要在原数据后增加一行，值为 ' 景点 F'，' 广州 '，130，则可以使用另一个函数 np.vstack()，此函数功能是在原数据后面以重直方向添加数据。那么代码应该写为：

```
# 创建一数组，存放值 ' 景点 F'，' 广州 '，130
new_scenic = np.array([['景点F', '广州', 130]])

# 将 ' 景点 F'，' 广州 '，130 插入到原数据最后
# np.vstack ( ) 表示垂直方向增加数据
scenic_arr = np.vstack((scenic_arr, new_scenic))
print(scenic_arr)
```

np.vstack() 的参数，scenic_arr 为原数组，new_scenic 为追加的数据创建的数组。代码执行后，运行的结果如图 3-38 所示。

```
[['景点A' '重庆' '80']
 ['景点B' '成都' '90']
 ['景点C' '北京' '120']
 ['景点D' '杭州' '100']
 ['景点E' '上海' '150']
 ['景点F' '广州' '130']]
```

图 3-38　追加一行的结果

np.vstack() 是以垂直方向增加数据，与此相对的，还有另一个函数 np.hstack() 表示在原数据后以水平方向增加数据。使用方法和 np.vstack() 函数一样，这里就不再举例说明。

2. 删除数据

现有数组里的数据为 1，2，6，3，4，5，7，根据应用需要把数据 6 和数据 7 删除。那么代码为：

```
import numpy as np

# 创建一个一维数组
new_arr1 = np.array([1,2,6,3,4,5,7])

# 删除索引 2 的元素
new_arr2 = np.delete(new_arr1, 2)
print('删除 6 后的数据: ',new_arr2)

# 删除索引 5 的元素
new_arr3 = np.delete(new_arr2, 5)
print('删除 7 后的数据: ',new_arr3)
```

代码执行后，结果如图 3-39 所示。

删除6后的数据： [1 2 3 4 5 7]
删除7后的数据： [1 2 3 4 5]

图 3-39　删除指定数据后的结果

代码中，首先删除值 6，然后又删除值 7，一共执行 2 次删除操作。与插入数据类似，在原始数组里删除 2 个数据，也可以使用一行删除语句实现，那么代码应该这样写：

```
import numpy as np

# 创建一个一维数组
new_arr1 = np.array([1,2,6,3,4,5,7])

# 删除索引 2 和 6 的元素
new_arr2 = np.delete(new_arr1, [2,6])
print('原始数据: ',new_arr1)
print('删除后的数据: ',new_arr2)
```

此代码中，把需要删除的索引放在列表中给出，注意索引一定是原始数组中的索引，代码运行后，显示结果如图 3-40 所示。

原始数据： [1 2 6 3 4 5 7]
删除后的数据： [1 2 3 4 5]

图 3-40 删除数据后新旧数据对比

现在删除前面 scenic_arr 数组里插入的数据 ['景点 F', '广州', 130]，具体代码为：

```
# 删除'景点 F'
scenic_arr = np.delete(scenic_arr, 5, axis=0)
print(scenic_arr)
```

因为 ['景点 F', '广州', 130] 所处的索引是 5，所以代码 np.delete() 参数中，要删除元素的索引写的是 5，axis = 0，是沿行删除。代码执行后，结果如图 3-41 所示。

如果特指删除"景点 F"，代码可以修改为：

```
# 删除'景点 F'
index_to_delete = np.where(scenic_arr[:, 0] == '景点 F')[0][0]
scenic_arr = np.delete(scenic_arr, index_to_delete, axis=0)
print(scenic_arr)
```

代码中，np.where(scenic_arr[:, 0] == '景点 F')[0][0] 的含义：

scenic_arr[:, 0]：这部分表示 scenic_arr 数组的第一列。

scenic_arr[:, 0] == '景点 F'：这是一个条件表达式，用来检查 scenic_arr 数组的第一列中哪些元素等于'景点 F'。这个表达式会返回一个布尔数组，其中值为 True 的位置表示对应的景点名称是'景点 F'。

np.where(scenic_arr[:, 0] == '景点 F')：np.where() 函数接受这个布尔数组作为输入，并返回满足条件（值为 True）的元素的索引。在这个代码中，它会返回一个包含元组的数组，每个元组包含一个索引，指向 scenic_arr 中景点名称为'景点 F'的行。

[0][0]：由于 np.where() 返回的是一个包含元组的数组，我们需要通过索引来访问实际的索引值。[0] 表示我们选择第一个元组（也是唯一一个，如果我们只期待一个匹配的话），然后第二个 [0] 表示我们从这个元组中选择第一个元素，即我们要找的索引。

代码执行后，scenic_arr 数组里就会删除"景点 F"所在行数据，具体结果如图 3-41 所示。

```
[['景点A' '重庆' '80']
 ['景点B' '成都' '90']
 ['景点C' '北京' '120']
 ['景点D' '杭州' '100']
 ['景点E' '上海' '150']]
```

图 3-41 删除景点 F 行后的结果

3. 修改数据

现有数组 new_arr1，元素有 1，2，3，7，5，6。仔细观察，发现原始数据应该为 1，2，3，4，5，6。此处需要修改数组 new_arr1 里的元素。具体代码为：

```
import numpy as np

# 创建一个一维数组
new_arr1 = np.array([1,2,3,7,5,6])
print('修改前数据: ',new_arr1)

#修改索引 3 的值为 4
new_arr1[3] = 4
print('修改后数据: ',new_arr1)
```

代码执行后，结果如图 3-42 所示。

```
修改前数据：  [1 2 3 7 5 6]
修改后数据：  [1 2 3 4 5 6]
```

图 3-42 修改数据前后对比结果

现需要将 scenic_arr 数组中景区 D 的门票价格修改为 130 元，景区 C 的地点修改为广州。景区 D 的门票价格 100 对应的索引为 [3][2]，景区 C 的地点北京对应的索引为 [2][1]。

具体代码为：

```
# 修改数据
scenic_arr[3][2] = 130
scenic_arr[2][1] = '广州'
print(scenic_arr)
```

代码执行后，结果如图 3-43 所示。

```
[['景点A' '重庆' '80']
 ['景点B' '成都' '90']
 ['景点C' '广州' '120']
 ['景点D' '杭州' '130']
 ['景点E' '上海' '150']]
```

图 3-43　修改后数据

4. 综合实例

现有一个二维 NumPy 数组，该数组包含了某景区一周（周一至周日）的游客人数和门票收入。数据见表 3-8 某景区一周的游客人数和门票收入统计表。

表 3-8　某景区一周的游客人数和门票收入统计表

星期	游客人数（人次）	门票收入（元）
周一	500	50000
周二	600	65000
周三	700	75000
周四	550	58000
周五	800	88000
周六	900	99000
周日	750	82000

要求：

（1）创建数组，元素为游客人数和门票收入数据。

（2）查询周三的游客人数和门票收入。

（3）在周二和周三之间插入一个特殊活动日的数据（游客人数 650 人次，门票收入 70000 元）。

（4）周五的游客人数修改为 850 人次。

（5）删除周日的数据。

具体代码为：

（1）创建数组

```
import numpy as np
```

```
# 创建一个二维数组，包含一周的游客数量和门票收入
data_arr = np.array([[500, 50000],[600, 65000],
          [700, 75000],[550, 58000],
          [800, 88000],[900, 99000],
          [750, 82000]])
print(data_arr)
```

新建的数组结果如图 3-44 所示。

```
[[500 50000]
 [600 65000]
 [700 75000]
 [550 58000]
 [800 88000]
 [900 99000]
 [750 82000]]
```

图 3-44　新建的数组结果

（2）查询操作

```
# 查询周三的游客人数和门票收入
wed_visitors, wed_income = data_arr[2]
print(f' 周三游客人数：{wed_visitors}, 门票收入：{wed_income}')
```

执行结果，如图 3-45 所示。

周三游客人数：700, 门票收入：75000

图 3-45　查询操作结果

（3）插入操作

```
# 创建一个包含特殊活动日数据的数组
special_day = np.array([[650, 70000]])

# 在周二和周三之间插入数据，axis=0 表示按行插入
data_arr = np.insert(data_arr, 2, special_day, axis=0)

# 查看插入后的数组
print(' 插入数据后的数组 :\n',data_arr)
```

特殊活动日数据插入后，执行结果如图 3-46 所示。

插入数据后的数组：
[[500 50000]
[600 65000]
[650 70000]
[700 75000]
[550 58000]
[800 88000]
[900 99000]
[750 82000]]

图 3-46　插入操作结果

（4）修改操作

```
# 使用索引和赋值操作修改周五的数据
data_arr[5, 0] = 850
data_arr[5, 1] = 90000

# 查看修改后的数组
print('周五数据修改后的数组 :')
print(data_arr)
```

上述代码执行后，修改后的数组结果如图 3-47 所示。

周五数据修改后的数组：
[[500 50000]
[600 65000]
[650 70000]
[700 75000]
[550 58000]
[850 90000]
[900 99000]
[750 82000]]

图 3-47　修改操作结果

（5）删除操作

```
# 使用 delete 函数删除周日的数据
data_arr = np.delete(data_arr, -1, axis=0)
print('删除周日数据后的数组 :\n',data_arr)
```

执行删除代码后，数组结果如图 3-48 所示。

删除周日数据后的数组：
[[500 50000]
 [600 65000]
 [650 70000]
 [700 75000]
 [550 58000]
 [850 90000]
 [900 99000]]

图 3-48　删除操作结果

| 拓展练习 |

请根据任务 3.1 拓展练习的数据，创建一个 NumPy 数组，然后完成以下操作：

（1）增加数据：在 NumPy 数组中添加一个新的旅游城市丽江过去一周的气温数据：[35, 36, 37, 38, 39, 40, 41]。

（2）修改数据：将成都每天的气温数据全部增加 1℃。

（3）删除数据：从数组中删除三亚的气温数据。

——— 任务五　NumPy 数组的排序与统计分析 ———

| 任务导入 |

小肖已经熟悉 NumPy 数组的基本操作，如添加、修改或者删除，他在分析数据时发现经常需要统计数组元素的总和、平均值、最小值、最大值等，为了实现这些操作，任务要求如下：

1. 能够对 NumPy 数组进行排序。

2. 能够按要求对 NumPy 数组进行求和、求平均值、求最小值、最大值和计数。

3. 能够按要求对 NumPy 数组计算方差、标准差。

（一）NumPy 数组的排序

在 numpy 中，数组的排序可以通过多种方式完成，这里主要介绍两种方式：一种是使用 numpy.argsort() 函数；另一种是使用 numpy.sort() 函数。

1. 使用 numpy.argsort() 函数排序

语法格式：numpy.argsort(a, axis=-1, kind=None, order=None)

说明：该函数返回的是数组元素从小到大排序后的索引值。

参数 a：为数组（array_like），表示输入的数组。

参数 axis：为整数（int），用指定计算排序索引的轴，默认为 -1，表示最后一个轴。

参数 Kind：为字符串（str）或 None，用来指定排序算法的类型，默认为 None，可以使用的值有 'quicksort'、'mergesort'、'heapsort' 等。在 Python 3.7 之前的版本中，'mergesort' 是默认值，而在 Python 3.7 及之后的版本中，'quicksort' 是默认值。

参数 order：为字符串的列表，用于多级排序。当数组是结构化数组或有多个列时，指定排序的顺序。

2. 使用 numpy.sort() 函数排序

语法格式：numpy.sort(a, axis=-1, kind=None, order=None)

说明：该函数返回一个新的数组，其中包含了原始数组中元素按升序排列的结果。参数与 numpy.argsort() 函数含义相同。

（二）NumPy 数组统计分析函数

numpy 提供了丰富的数组统计分析功能，这些功能可以帮助我们快速计算数组中的基本统计量，如均值、标准差、方差、最小值、最大值等。

1. 基本统计函数

（1）求和

语法格式：numpy.sum(a, axis=None, dtype=None, out=None, keepdims=<no value>)

说明：该函数对整个数组或数组的某个轴进行求和。

参数 a：为数组（array_like），表示输入的数组。

参数 axis：为整数（int）或元组（tuple），默认为 None。用来指定沿哪个轴进行求和。如果不指定，则返回整个数组的总和。如果指定多个轴，将计算这些轴的交叉点上的总和。

参数 dtype：默认为 None，用来指定输出的数据类型，如果未指定，则数据类型由输入数组决定。

参数 out：为数组（ndarray），默认为 None，用来指定一个数组，用于存储求和的结果。

参数 keepdims：为布尔值（bool），默认为 False，如果为 True，则在结果中保留指定轴的维度；如果为 False，则在求和后去除指定轴的维度。

（2）计算均值

语法格式：numpy.mean(a, axis=None, dtype=None, out=None, keepdims=<no value>)

说明：该函数用于计算数组元素的算术平均值。这个函数可以对整个数组或数组的某个轴进行平均值的计算。

参数同 numpy.sum() 函数的参数含义一致。

（3）计算标准差

语法格式：numpy.std(a, axis=None, dtype=None, out=None, ddof=0, keepdims=<no value>)

说明：该函数用于计算数组元素的标准差。标准差是衡量数据分布离散程度的一个指标，它是各数据与其均值差值平方的平均数（方差）的平方根。

参数 ddof：为整数（int），默认为 0，全称为 Delta Degrees of Freedom。在计算方差时，除数是 N − ddof，其中 N 是元素的数量。默认为 0，表示样本标准差使用 N − 1 作为除数，而总体标准差使用 N 作为除数。

其他参数同 numpy.sum() 参数含义相同。

（4）计算方差

语法格式：numpy.var(a, axis=None, dtype=None, out=None, ddof=0, keepdims=<no value>)

说明：该函数用于计算数组元素的方差。方差是各数据与其均值差值平方的平均数，用于衡量数据的离散程度。

其他参数同 numpy.sum() 参数含义相同。

（5）计算最小值

语法格式：numpy.min(a, axis=None, out=None, keepdims=<no value>)

说明：该函数用于计算数组中的最小值。这个函数可以对整个数组或数组的某个轴进行最小值的计算。

其他参数同 numpy.sum() 参数含义相同。

（6）计算最大值

语法格式：numpy.max(a, axis=None, out=None, keepdims=<no value>)

该函数用于计算数组中的最大值。这个函数可以对整个数组或数组的某个轴进行最大值的计算。

其他参数同 numpy.sum() 参数含义相同。

这些函数的使用方法基本类似，参数里有参与运算的数组名，可以根据需要添加 axis，dtype 等参数。

2. 算术函数

算术函数主要指加、减、乘、除相对应的函数。

加法函数：np.add()

减法函数：np.subtract()

乘法函数：np.multiply()

除法函数：np.divide()

3. 取整函数

（1）四舍五入函数

语法格式：numpy.around(a, decimals=0, out=None)

说明：该函数用于将数组中的数值四舍五入到指定的小数位数。

参数 arr：为给定的数组。

参数 Decimals：保留的小数位数，默认为 0，若为负数，整数将四舍五入到小数点的左侧位置。

参数 out：为数组（ndarray），默认为 None，用来指定一个数组，用于存储四舍五入后的结果。

（2）向上取整和向下取整函数

向上取整函数：numpy.ceil(a, out=None)

该函数返回输入数组中每个元素的最小整数不小于该元素的值。对于正数，向上取整就是将数值四舍五入到最接近的较大整数。

向下取整函数：numpy.floor(a, out=None)

该函数返回输入数组中每个元素的最大整数不大于该元素的值。对于正数，向下取整就是将数值四舍五入到最接近的较小整数。

│任务实施│

1. NumPy 数组的排序

（1）使用 numpy.argsort() 函数排序

现有四个景点一周的游客人数，数据分别为 1200，1500，1100，1300，使用 numpy.argsort() 函数排序，具体代码为：

```
import numpy as np
# 四个景点一周的游客人数
tourism_data = np.array([1200, 1500, 1100, 1300])

# 获取按升序排列的索引
sorted_indices = tourism_data.argsort()
print('按升序排列的索引: ', sorted_indices)
```

排序后，返回的索引值结果如图 3-49 所示。

按升序排列的索引： [2 0 3 1]

图 3-49　排序后返回的结果

使用 numpy.argsort() 函数排序，相当于返回原来数据的索引，这里的数据 1200，1500，1100，1300 对应的索引分别为 0，1，2，3。升序排序后，数据顺序变为 1100，1200，1300，1500，按照原来对应的索引，所以返回的索引为 2，0，3，1。

（二）使用 numpy. sort () 函数排序

现对刚刚创建的数组 tourism_data，使用 numpy.sort() 对游客人数进行升序排序，排序的代码为：

```
# 获取按升序排列的游客人数数据
sorted_data = np.sort(tourism_data)
```

```
print('按升序排列的游客人数数据: ', sorted_data)
```

排序后，返回的游客人数数据如图 3-50 所示。

按升序排列的游客人数数据：　[1100 1200 1300 1500]

图 3-50　使用 numpy.sort() 排序的结果

使用 numpy.sort() 函数排序，返回的仍是原来的数据，这里不管是 numpy. argsort() 函数排序还是 numpy.sort() 函数排序，次序都是升序，若需要降序排列，可使用 numpy.sort() 函数的 kind 参数使用不同的排序算法，但实际使用时，通常先对数组排序，然后使用 [::-1] 进行反转。下面在刚刚升序排序的基础上，给出降序排序的代码：

```
# 获取按降序排列的游客人数数据
sorted_a_descending = sorted_data[::-1]

print('按降序排列的游客人数数据: ', sorted_a_descending)
```

降序排序的代码执行后，结果如图 3-51 所示。

按降序排列的游客人数数据：　[1500 1300 1200 1100]

图 3-51　降序排序的结果

2. NumPy 数组统计分析函数

（1）基本统计函数

现有四个景点一周的游客人数（1200，1500，1100，1300），根据此数据计算出总游客人数，四个景点的平均游客人数，游客人数的标准差，方差和四个景点游客人数的最小值和最大值。

根据上述要求，涉及的统计函数有：

● 求和：np.sum()

● 均值：np.mean()

● 标准差：np.std()

● 方差：np.var()

- 最小值：np.min()
- 最大值：np.max()

具体代码为：

```python
import numpy as np

# 四个景点一周的游客人数
tourism_data = np.array([1200, 1500, 1100, 1300])

# 计算基本统计量
sum_visitors = np.sum(tourism_data)    # 求和
mean_visitors = np.mean(tourism_data)   # 均值
std_dev_visitors = np.std(tourism_data)  # 标准差
variance_visitors = np.var(tourism_data)  # 方差
min_visitors = np.min(tourism_data)    # 最小值
max_visitors = np.max(tourism_data)    # 最大值

print(f"求和: {sum_visitors}")
print(f"均值: {mean_visitors}")
print(f"标准差: {std_dev_visitors}")
print(f"方差: {variance_visitors}")
print(f"最小值: {min_visitors}")
print(f"最大值: {max_visitors}")
```

代码运行后，执行结果如图3-52所示：

求和：5100
均值：1275.0
标准差：147.9019945774904
方差：21875.0
最小值：1100
最大值：1500

图3-52 基本统计函数运行结果

这些函数的使用方法基本类似，参数里有参与运算的数组名，可以根据需要添加 axis、dtype 等参数。

以上是统计函数均是针对一维数组，接着看一下应用到二维数组时这些统计函数的使用方法。

现有 2×3 的二维数组，数据为 [1, 2, 3], [4, 5, 6]，分别按列和按行求和、均值。具体代码为：

```python
# 创建二维数组 matrix
matrix = np.array([[1, 2, 3], [4, 5, 6]])

# 计算列和、列均值
column_sums = np.sum(matrix, axis=0)
column_means = np.mean(matrix, axis=0)
print('列和:',column_sums)
print('列均值:',column_means)

# 计算行和、行均值
row_sums = np.sum(matrix, axis=1)
row_means = np.mean(matrix, axis=1)
print('行和:',row_sums)
print('行均值:',row_means)
```

代码执行后，计算出的结果如图 3-53 所示。

列和: [5 7 9]
列均值: [2.5 3.5 4.5]
行和: [6 15]
行均值: [2. 5.]

图 3-53　二维数组求和求均值结果

将上面 2×3 的数组在表里表示出来，如表 3-9。

表 3-9　数据在表格中表示

1	2	3
4	5	6

此数组按列求和的计算过程为：1+4，2+5，3+6，如图 3-54 所示，即 [5,7,9]，按列求均值的计算过程为：（1+4）/2，（2+5）/2，（3+6）/2，即 [2.5, 3.5, 4.5]。

此数组按行求和的计算过程为：1+2+3，4+5+6，如图 3-54 所示，即 [6,15]，按行求均值的计算过程为：（1+2+3）/3，（4+5+6）/3，即 [2，5]。

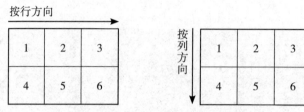

图 3-54　二维数组求和求均值示意

（2）算术函数

现有景点 A 两组的游客人数 [50, 60, 70, 80, 90],[58,68,78,88,98]，景点 B 一组的游客人数 [45, 55, 65, 75, 85]，根据此数据进行相应的加、减、乘、除法运算。具体代码为：

```python
import numpy as np

# 景点 A 的游客人数
visitors_A = np.array([[50, 60, 70, 80, 90],[58,68,78,88,98]])
# 景点 B 的游客人数
visitors_B = np.array([45, 55, 65, 75, 85])

# 加法
visitors_sum = np.add(visitors_A, visitors_B)
# 减法
visitors_diff = np.subtract(visitors_A, visitors_B)
# 乘法
visitors_product = np.multiply(visitors_A, visitors_B)
# 除法
visitors_quotient = np.divide(visitors_A, visitors_B)

print('加法结果：\n', visitors_sum)
print('减法结果：\n', visitors_diff)
print('乘法结果：\n', visitors_product)
print('除法结果：\n', visitors_quotient)
```

代码执行后，结果如图 3-55 所示。

```
加法结果:
[[ 95 115 135 155 175]
 [103 123 143 163 183]]
减法结果:
[[ 5  5  5  5  5]
 [13 13 13 13 13]]
乘法结果:
[[2250 3300 4550 6000 7650]
 [2610 3740 5070 6600 8330]]
除法结果:
[[1.11111111 1.09090909 1.07692308 1.06666667 1.05882353]
 [1.28888889 1.23636364 1.2        1.17333333 1.15294118]]
```

图 3-55 算术函数运算结果

此算术运算实例比较特殊,是二维数组与一维数组进行加、减、乘、除运算,它们的运算过程为,二维数组按行方向,分别和一维数组相对应的元素进行加、减、乘、除运算。两数组相加的计算过程见图 3-56 所示。

数组 visitors_A

50	60	70	80	90
58	68	78	88	98

数组 visitors_B

45	55	65	75	85

50+45	60+55	70+65	80+75	90+85
58+45	68+55	78+65	88+75	98+85

图 3-56 数组 visitors_A 与数组 visitors_B 相加过程

(3)取整函数:四舍五入函数的应用

现有某景区游客的点评数据 8.345,7.545,9.021,9.613,6.981,为了运算方便,对其进行四舍五入取整,分三种格式进行:

- 四舍五入取整;
- 四舍五入保留 2 位小数;
- 四舍五入到小数点的左侧。

具体代码为:

```
import numpy as np

# 创建数组,存放景点的点评值
```

```
rating_arr = np.array([8.345,7.545,9.021,9.613,6.981])

# 四舍五入取整
rating_arr1 = np.around(rating_arr)
# 四舍五入保留小数点后2位
rating_arr2 = np.around(rating_arr,decimals=2)
# 四舍五入取整到小数点的左侧
rating_arr3 = np.around(rating_arr,decimals=-1)

print(' 四舍五入取整 :\n',rating_arr1)
print(' 保留小数点后 2 位 :\n',rating_arr2)
print(' 取整到小数点的左侧 :\n',rating_arr3)
```

此代码运行后，结果如图 3-57 所示。

```
四舍五入取整:
 [ 8.  8.  9. 10.  7.]
保留小数点后2位:
 [8.35 7.54 9.02 9.61 6.98]
取整到小数点的左侧:
 [10. 10. 10. 10. 10.]
```

图 3-57 四舍五入函数运行结果

（4）取整函数：向上取整和向下取整函数的应用

现对上面游客的点评数据 8.345，7.545，9.021，9.613，6.981 进行向上取整和向下取整。具体代码为：

```
rating_arr4 = np.ceil(rating_arr)
rating_arr5 = np.floor(rating_arr)
print(' 向上取整 :\n',rating_arr4)
print(' 向下取整 :\n',rating_arr5)
```

代码运行后，结果如图 3-58 所示。

```
向上取整:
 [ 9.  8. 10. 10.  7.]
向下取整:
 [8. 7. 9. 9. 6.]
```

图 3-58 向上取整和向下取整函数的运行结果

| 拓展练习 |

　　请根据任务 3.1 拓展练习创建的存放北京一周气温的 NumPy 数组，完成以下操作：

　　（1）使用 numpy.sort() 函数对该数组进行升序排序。

　　（2）计算该数组的总和、平均值和标准差。

项目四 使用 Matplotlib 可视化旅游业务数据

◆ 知识目标

1. 能描述子图的基本定义。

2. 能描述创建子图的方法。

3. 能描述绘制折线图、饼图和散点图的方法。

4. 能描述绘制直方图、柱形图和条形图的方法。

◆ 能力目标

1. 能采用不同方法创建子图。

2. 能使用 Matplotlib 绘制折线图。

3. 能使用 Matplotlib 绘制柱形图、条形图。

4. 能使用 Matplotlib 绘制直方图、饼图和散点图。

◆ 素质目标

1. 通过学习不同的图表绘制方法，增强对数据可视化重要性的认识。

2. 在绘制图表的过程中，注重图表的美观性和可读性，提高审美能力。

3. 通过实践不同的图表绘制，学会如何选择合适的图表来展示和分析数据，提高解决问题的能力。

任务一　使用 Matplotlib 绘制折线图

｜任务导入｜

小肖已经会使用 Pandas 和 NumPy 处理数据，现在他需要将分析好的数据以图形化的方式显现，也就是实现数据可视化，任务要求如下：

1. 能采用不同方法创建子图。

2. 能使用 Matplotlib 绘制折线图。

（一）认识数据可视化

1. 数据可视化的重要性

数据可视化是将数据转化为图表、图形、地图或其他可视元素的过程，以便更直观地理解和传达数据的关系、模式和趋势。在旅游业务中，数据可视化具有极其重要的作用，主要体现在以下几个方面：

决策支持：通过将旅游数据（如游客人数、消费习惯、旅游热点等）可视化，可以帮助企业快速识别市场趋势，制定相应的营销策略和产品优化方案。

市场分析：数据可视化可以帮助旅游企业分析不同市场的表现，比较不同时间段的业务增长，从而发现增长点或潜在问题。

客户洞察：通过可视化客户数据，可以更好地理解客户需求，提供个性化的旅游产品和服务。

资源优化：在旅游高峰期，通过可视化数据可以有效地调配旅游资源，如酒店、交通等，以提升服务质量和客户满意度。

风险预警：对于可能出现的问题，如旅游安全事故、市场负面舆论等，数据可视化可以迅速反映，帮助政府和旅游企业及时应对。

2. Matplotlib 库在旅游业务数据中的应用

Matplotlib 是 Python 中一个非常流行的数据可视化库，它提供了丰富的图表类型，如折线图、柱状图、散点图、饼图、雷达图等，适合用于旅游业务数据的可视化。Matplotlib 在旅游业务数据中的一些具体应用主要体现在以下几个方面：

游客数量分析：通过 Matplotlib 绘制折线图或柱状图，可以直观地展示不同时间段（如年、月、日）的游客数量变化，帮助旅游从业者了解游客流量的季节性变化，以便更好地进行资源调配和市场营销策略的制定。

旅游目的地热度分析：使用 Matplotlib 绘制热力图或地图，可以展示不同旅游目的地的受欢迎程度。这有助于旅游从业者了解游客的偏好和趋势，从而优化旅游产品的设计和推广。

旅游收益分析：通过 Matplotlib 绘制柱状图或饼图，可以展示不同旅游项目或产品的收入贡献情况，帮助旅游从业者了解哪些项目或产品更具有盈利能力，从而调整经营策略，提高整体收入水平。

游客满意度分析：利用 Matplotlib 绘制雷达图或条形图，可以展示游客对旅游服务各方面的满意度评价。这有助于旅游从业者了解游客的真实需求和反馈，及时改进服务质量，提升游客的满意度和忠诚度。

旅游市场趋势预测：结合时间序列分析和 Matplotlib 的可视化功能，可以对旅游市场的未来趋势进行预测。通过生成预测曲线图，旅游从业者可以更好地把握市场动向，为未来的经营决策提供有力的支持。

总之，Matplotlib 作为一个功能强大的数据可视化库，在旅游业务数据分析中具有广泛的应用前景。通过合理利用 Matplotlib 进行数据可视化，游客可以直观地了解旅游目的地的热度，帮助游客及时调整出行计划，同时，旅游从业者可以更加直观地了解市场情况和客户需求，从而制定更加科学、合理的经营策略，推动旅游业务持续健康地发展。

（二）使用 Matplotlib 绘制折线图

在 Python 中使用 Matplotlib 库绘制图表，首先需要导入 Matplotlib 库的 pyplot，它是一个用于绘制图形的模块，提供了一个类似于 MATLAB 的绘图框架。

绘制图表时，必须将 pyplot 模块导入，导入的语法格式为：

import matplotlib.pyplot as plt。

1. 使用 plt.plot() 绘制折线图

语法格式：plt.plot(x, y, fmt, **kwargs)

说明：该函数用于绘制二维折线图。

参数 x：表示 x 轴数据，以数组或列表形式表示。

参数 y：表示 y 轴数据，以数组或列表形式表示。

参数 fmt：为格式字符串，由颜色字符、风格字符和标记字符组成，例如"ro–"表示红色（r）、圆圈标记（o）和实线（–）。

参数 **kwargs：关键字参数，用于自定义图表的样式和属性，例如 label、linewidth、linestyle、color、marker、markersize 等。

2. 使用 subplots() 函数创建多个子图

在 Matplotlib 中，使用 plt.subplots() 函数可以创建一个包含多个子图的图形。

语法格式：matplotlib. pyplot.subplots (nrows, ncols, squeeze=False, sharex=False, sharey=False, **kwargs)

说明：subplots() 函数用于创建一个图形窗口中的多个子图（subplots）。这个函数非常方便，可以让你在一个窗口中展示多个相关的图表，便于比较和分析。

参数 nrows：为整数（int），表示子图的行数。

参数 ncols：为整数（int），表示子图的列数。

参数 Squeeze：为布尔值（bool），如果为 True，当图形窗口中只有一个子图时，返回的数组将被压缩为一维。

参数 sharex：为布尔值（bool）或字典，如果为 True，则所有子图共享相同的 x 轴。

参数 sharey：为布尔值（bool）或字典，如果为 True，则所有子图共享相同的 y 轴。

参数 Kwargs：其他关键字参数，用于传递给 figure() 和 subplot() 函数。

3. 使用 add_subplot() 方法创建子图

创建子图也可以通过 Figure 类 add_subplot() 方法实现，该方法可以在现有的图形上创建一个新的子图，并返回一个代表该子图的 Axes 对象，之后可以在该对象上进行绘图操作。

语法格式：add_subplot(nrows,ncols,index)

参数说明：

参数 nrows：表示子图网格的行数。

参数 ncols：表示子图网格的列数。

参数 index：表示子图在网格中的位置索引，从 1 开始，从左到右，从上到下依次加 1。

参数 matplotlib 的图像都位于 Figure 对象中，可以用 plt.figure 创建一个新的 Figure：fig = plt.figure()。

但是不能通过空 Figure 绘图，绘图必须使用 add_subplot 创建一个或多个 subplot 才可以绘制图形。

任务实施

1. 使用 plt.plot() 绘制折线图

现简单绘制一个含有数据 0-9 的折线图。具体代码为：

```
# 导入 matplotlib.pyplot 模块
import matplotlib.pyplot as plt
# 导入 numpy
import numpy as np

# 生成数据 0-9
data = np.arange(10)
# 绘制 data 折线图
plt.plot(data)
# 显示折线图
plt.show()
```

在这个代码段里，既使用了 numpy，又使用了 matplotlib.pyplot。numpy 是用来生成数据，matplotlib.pyplot 是用来绘制图形，这里是绘制折线图。其实绘制图形都是在画布中进行，像此段代码中没有定义画布，则使用默认的画布，因为 pyplot 模块，默认有一个画布（Figure）对象。

上述代码执行后，生成的折线图如图 4-1 所示。

现有某景区 1 月至 12 月的游客人数，根据月份和游客人数数据绘制一个折线图，图表的标题为 "Monthly Tourist Visits"。具体代码为：

```
import matplotlib.pyplot as plt
```

```
# 1 月至 12 月游客人数
months = ['Jan', 'Feb', 'Mar', 'Apr', 'May', 'Jun',
     'Jul', 'Aug', 'Sep', 'Oct', 'Nov', 'Dec']
tourists = [10000, 12000, 15000, 18000, 20000, 25000,
        30000, 32000, 28000, 25000, 20000, 15000]

# 创建宽度为 10 英寸、高度为 6 英寸的画布
plt.figure(figsize=(10, 6))
# 创建折线图
plt.plot(months, tourists, marker='o',color='b')

# 添加标题和 X 轴 Y 轴标签
plt.title('Monthly Tourist Visits')
plt.xlabel('Month')
plt.ylabel('Number of Visitors')

# 显示图表
plt.show()
```

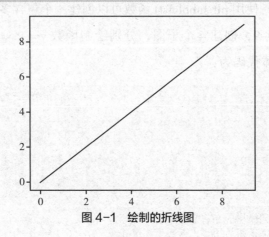

图 4-1　绘制的折线图

代码中，plt.figure(figsize=(10, 6))，表示绘制一个画布，画布的高度为 10 英寸、宽度为 6 英寸。plt.plot(months, tourists, marker='o',color='b')，绘制折线图，months 数据作为 X 轴，tourists 数据作为 Y 轴，marker='o'，表示折线图上标记样式用"圆圈"；若 marker='s'，表示标记样式用正方形；marker='^'，表示标记样式用"三角形"。color='b'，表示折线的线条和数据点的颜色用"蓝色"。plt.title('Monthly Tourist Visits')，表示折线图的标题为"Monthly Tourist Visits"，plt.xlabel('Month')，表示添加 X 轴标签为

"Month", plt.ylabel('Number of Visitors'), 表示添加 Y 轴标签为 "Number of Visitors"。

代码执行后，绘制的折线图如图 4-2 所示。

图 4-2　Monthly Tourist Visits 折线图

2. 使用 subplots() 函数创建多个子图

在 Matplotlib 中，使用 plt.subplots() 函数可以创建一个包含多个子图的图形。

现仍生成数据 0-9，创建 4 个子图，分别绘制函数 y=x、y=-x 图形和 y=sin(x)、y=cos(x) 的图形。具体代码为：

```python
# 导入 matplotlib.pyplot 模块
import matplotlib.pyplot as plt
# 导入 numpy
import numpy as np

# 生成数据 0-9
data = np.arange(10)
# 创建一个包含两个子图的图形，返回子数组 axs
fig,axs = plt.subplots(2,2,figsize=(10,6))

# 从数组 axs 中分别获取每个子图
ax1 = axs[0,0]
ax2 = axs[0,1]
ax3 = axs[1,0]
ax4 = axs[1,1]
```

```
# 绘制 4 个折线图
ax1.plot(data,data)
ax2.plot(data,-data)
ax3.plot(data,np.sin(data))
ax4.plot(data,np.cos(data))
# 显示折线图
plt.show()
```

代码中，fig,axs = plt.subplots(2,2,figsize=(10,6))，figsize=(10,6) 表示创建高度为 10 英寸、宽度为 6 英寸的画布。subplots() 函数将整个画布划分为 2×2 的矩阵区域，也就是创建 4 个子图，存放在数组 axs 中；ax1 = axs[0,0]、ax2 = axs[0,1]、ax3 = axs[1,0]、ax4 = axs[1,1] 分别表示使用索引从数组 axs 中获取相应子图。ax1.plot(data,data) 和 ax2.plot(data,−data)，表示分别绘制函数 y=x 的和 y=−x 的图形。ax3.plot(data,np.sin(data)) 和 ax4.plot(data,np.cos(data))，表示分别绘制正弦函数和余弦函数的图形。

代码运行后，绘制的 4 个子图如图 4-3 所示。

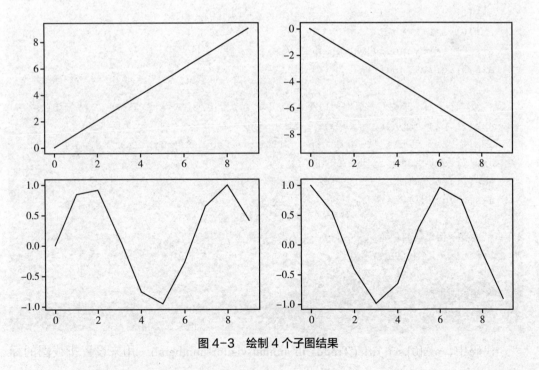

图 4-3　绘制 4 个子图结果

现有某景区 1 月至 12 月的游客人数和人均消费金额，现绘制 2 个折线图，一个折线图是根据月份和游客人数数据绘制，另一个折线图是月份和人均消费金额数据绘制。

```python
import matplotlib.pyplot as plt

# 每月游客人数和人均消费数据
months = ['Jan', 'Feb', 'Mar', 'Apr', 'May', 'Jun',
    'Jul', 'Aug', 'Sep', 'Oct', 'Nov', 'Dec']
tourists = [10000, 12000, 15000, 18000, 20000, 25000,
        30000, 32000, 28000, 25000, 20000, 15000]
average_spending = [8500, 9000, 8500, 8000, 7500, 7000,
        5000, 5500, 6000, 6500, 7000, 8000]

# 创建一个包含两个子图的图形
fig, axs = plt.subplots(2, 1, figsize=(10, 8))

# 第一个子图：游客数量随时间的变化
axs[0].plot(months, tourists, marker='o', color='b')
axs[0].set_title('Trends in annual visitor numbers')
axs[0].set_xlabel('month')
axs[0].set_ylabel('Number of Visitors')
axs[0].grid(True)

# 第二个子图：平均消费随时间的变化
axs[1].plot(months, average_spending, marker='s',color='g')
axs[1].set_title('Trends in annual average consumption')
axs[1].set_xlabel('month')
axs[1].set_ylabel('average_spending')
axs[1].grid(True)

# 调整子图之间的间距
plt.tight_layout()

# 显示图形
plt.show()
```

代码中，axs[0].set_title('Trends in annual visitor numbers')，用来设置折线图的标题，axs[0].set_xlabel('month') 和 axs[0].set_ylabel('Number of Visitors') 用来设置 X 轴和

Y 轴的标签，axs[0].grid(True)，表示显示网络线。

代码执行后，绘制的折线图如图 4-4 所示。

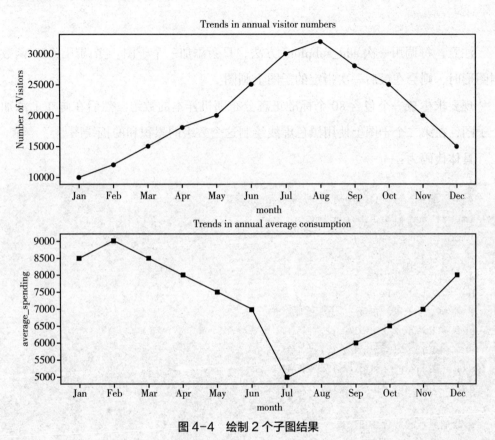

图 4-4 绘制 2 个子图结果

3. 使用 add_subplot() 方法创建子图

使用 add_subplot() 方法绘制图像 2×2 的矩阵排列方式（最多 4 张图），且当前选中的 4 个 subplot 中的第一个（编号从 1 开始），具体代码如下：

```
ax1 = fig.add_subplot(2, 2, 1)
```

可以使用以下代码，创建三个同样大小的图像：

```
ax1 = fig.add_subplot(2, 2, 1)
ax2 = fig.add_subplot(2, 2, 2)
```

```
ax3 = fig.add_subplot(2, 2, 3)
ax4 = fig.add_subplot(2, 2, 4)
plt.show()
```

注意，每调用一次 add_subplot() 方法，只会添加一个子图。当调用 plot() 函数绘制图形时，则会在最后一次指定的子图上画图。

现要求生成一个包含 80 个标准正态分布随机样本的数组。然后在画布上添加四个子图，在第二个子图上使用黑色虚线绘制这个数组的累积和的折线图。

具体代码为：

```
# 导入 matplotlib.pyplot 模块和 numpy 库
import matplotlib.pyplot as plt
import numpy as np

# 创建一个新 figure
fig = plt.figure()
# 添加 4 个子图，在第 2 个子图绘图
ax1 = fig.add_subplot(2, 2, 1)
ax3 = fig.add_subplot(2, 2, 3)
ax4 = fig.add_subplot(2, 2, 4)
ax2 = fig.add_subplot(2, 2, 2)

# 绘制累积和的折线图，线形为黑色虚线
plt.plot(np.random.randn(80).cumsum(), 'k--')
plt.show()
```

代码执行后，绘制的图形如图 4-5 所示。

代码中，添加子图的顺序，最后一个索引位置为 2，所以折线图只会绘制在第 2 个子图中。代码 plt.plot(np.random.randn(80).cumsum(), 'k--')，表示绘制一个折线图，线形为黑色虚线，数据为随机生成的 80 个样本的累积和。

现有某景区 1 月至 12 月的游客人数和人均消费金额，绘制 2 个折线图，一个折线图是根据月份和游客人数数据绘制，另一个折线图是根据月份和人均消费金额数据绘制。要求添加 4 个子图，将第一个折线图绘制在第 1 个子图中，第三个折线图绘制在第 4 个子图中。具体代码为：

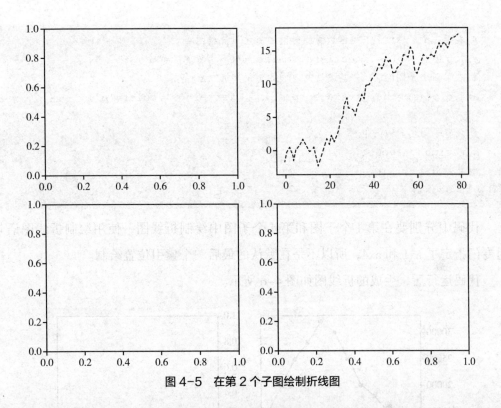

图 4-5　在第 2 个子图绘制折线图

```
import matplotlib.pyplot as plt

# 每月游客人数和人均消费数据
months = ['Jan', 'Feb', 'Mar', 'Apr', 'May', 'Jun',
        'Jul', 'Aug', 'Sep', 'Oct', 'Nov', 'Dec']
tourists = [10000, 12000, 15000, 18000, 20000, 25000,
        30000, 32000, 28000, 25000, 20000, 15000]
average_spending = [8500, 9000, 8500, 8000, 7500, 7000,
        5000, 5500, 6000, 6500, 7000, 8000]

# 创建一个新 figure
fig = plt.figure()
# 添加 4 个子图
ax1 = fig.add_subplot(2, 2, 1)
ax2 = fig.add_subplot(2, 2, 2)
ax3 = fig.add_subplot(2, 2, 3)
ax4 = fig.add_subplot(2, 2, 4)
```

```
# 在第一个子图绘制"游客数量随时间的变化"折线图
ax1.plot(months, tourists, marker='o', color='b')
# 在第四个子图绘制"平均消费随时间的变化"折线图
ax4.plot(months, average_spending, marker='s',color='g')

# 调整子图之间的间距
plt.tight_layout()
# 显示图形
plt.show()
```

代码中分别要在第 1 个子图和第 4 个子图中绘制折线图，使用绘制折线图语句时专门指定了 ax1 和 ax4，所以不是在默认的最后一个索引位置绘制。

代码运行后，生成的折线图如图 4-6 所示。

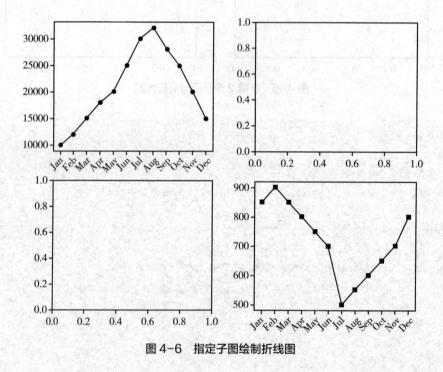

图 4-6 指定子图绘制折线图

现使用上述数据绘制折线图，不添加子图，将折线显示在同一个坐标内。具体代码为：

```
import matplotlib.pyplot as plt
```

```
# 1 月至 12 月游客人数及人均消费
months = ['Jan', 'Feb', 'Mar', 'Apr', 'May', 'Jun',
    'Jul', 'Aug', 'Sep', 'Oct', 'Nov', 'Dec']
tourists = [10000, 12000, 15000, 18000, 20000, 25000,
        30000, 32000, 28000, 25000, 20000, 15000]

average_spending = [8500, 9000, 8500, 8000, 7500, 7000,
        5000, 5500, 6000, 6500, 7000, 8000]
# 创建宽度为 10 英寸、高度为 6 英寸的画布
plt.figure(figsize=(10, 6))
# 创建折线图
plt.plot(months, tourists, marker='o',color='b')
plt.plot(months, average_spending, marker='s',color='g')
plt.show()
```

代码运行后，生成的折线图如图 4-7 所示。

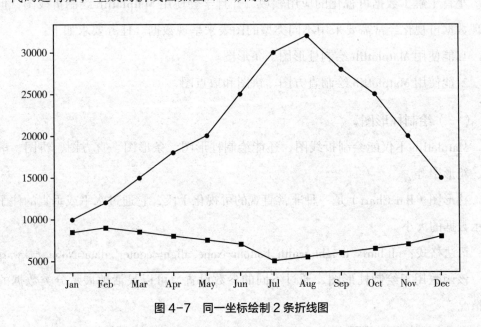

图 4-7　同一坐标绘制 2 条折线图

｜拓展练习｜

现收集到 1 月至 6 月旅游景点 A 和旅游景点 B 的游客人数，旅游景点 A 的旅游人数分别为：2000，1800，2200，2500，3000，3200；旅游景点 B 的旅游人数分别为：

1500, 1600, 1700, 1800, 2000, 2100。创建 2 个 NumPy 数组分别存放旅游景点 A 的旅游人数和旅游景点 B 的旅游人数，完成以下要求：

（1）使用两种不同的方法创建一个子图，其中第一个子图显示旅游景点 A 每月的访问量，第二个子图显示旅游景点 B 每月的访问量。

（2）使用 Matplotlib 绘制折线图，在两个子图中分别展示巴厘岛和悉尼的访问量随月份的变化趋势。

——— 任务二　使用 Matplotlib 绘制其他图形 ———

| 任务导入 |

小肖了解了数据可视化的应用领域，并且学会使用 Matplotlib 绘制折线图，但是实现数据可视化经常需要采用不同类型的图表来呈现数据。任务要求如下：

1. 能使用 Matplotlib 绘制柱形图、条形图。

2. 能使用 Matplotlib 绘制直方图、饼图和散点图。

（一）绘制柱形图

Matplotlib 不仅能绘制折线图，还能绘制柱形图、条形图、直方图、饼图、散点图、箱形图等。

柱形图（Bar Chart）是一种非常直观的可视化手段，它通过水平或垂直的柱子来表示数据的大小。

语法格式：plt.bar(x, height, width, bottom=None, align='center', data=None, **kwargs)

该函数用于绘制柱形图，通过不同的参数设置，可以灵活地展示分类数据的分布情况。

参数 x：表示柱状图中每个柱子的 x 坐标。这通常是一个数字或字符串的序列，每个元素对应一个柱子。

参数 height：表示柱状图中每个柱子的高度。这必须是一个数字序列，其长度与 x 相同。

参数 width：表示柱子的宽度，默认值为 0.8，这个值可以是单个数字，也可以是一个与 x 长度相同的序列，用于指定每个柱子的宽度。

参数 bottom：表示柱子的基线位置，默认值为 None，表示基线是 y=0。如果提供了这个参数，它应该是一个数字序列，与 x 长度相同。

参数 align：表示柱子的对齐方式，"center"（默认）表示柱子以 x 位置为中心对齐，"edge"表示柱子以 x 位置为边缘对齐。

参数 data：如果提供了数据，那么 x、height、width、bottom 和 align 参数都可以是 pandas DataFrame 列的名称或 numpy 数组的字符串索引。

参数 **kwargs：用于指定其他的关键字参数，可以用来控制柱子的样式，如颜色（color）、边框颜色（edgecolor）、填充颜色（facecolor）等。

（二）绘制条形图

条形图和柱形图在很多情况下是可以互换使用的图表，它们描述的是同一种图表类型。这种图表类型通过水平或垂直的条形来展示数据的比较。条形图通常指的是水平方向的条形，而柱形图通常指的是垂直方向的条形。

语法格式：plt.barh(y, width, height=0.8, left=None, align='center', **kwargs)

该函数用于绘制条形图，它的参数和 plt.bar() 类似，但是 x 和 height 参数的含义互换，这里分别用 y 和 width 表示，分别代表 y 轴位置和条形长度。

（三）绘制直方图

直方图通常用于展示数据的分布情况。

语法格式：plt.hist(x, bins=None, range=None, density=False, weights=None, cumulative=False, bottom=None, histtype='bar', align='mid', orientation='vertical', rwidth=None, log=False, color=None, label=None, stacked=False, **kwargs)

plt.hist() 是 Matplotlib 中用于绘制直方图的函数。

参数 x：表示数据集，直方图将会根据这些数据来绘制。

参数 bins：表示直方图的柱子数量，可以是一个整数或者一个序列。如果是整数，那么它定义了数据范围将被划分成多少个等宽的区间。如果是序列，那么每个元素都是一个区间的右端点。

参数 range：表示一个二元组 (min, max)，用于限制数据范围。只有在这个范围内的数据才会被考虑用于绘制直方图。

参数 density：如果为 True，则直方图的面积（而不是高度）总和为 1，即直方图表示一个概率密度。

参数 weights：与 x 中的数据相对应的权重数组，用于给每个数据点分配不同的权重。

参数 cumulative：如果为 True，则绘制累积直方图。

参数 bottom：表示直方图每个柱子的起始位置。

参数 histtype：表示直方图的类型，可以是 'bar', 'barstacked', 'step', 'stepfilled' 等。

参数 align：表示柱子的对齐方式，可以是 'left', 'mid' 或 'right'。

参数 orientation：表示直方图的方向，可以是 'horizontal' 或 'vertical'。

参数 rwidth：表示柱子的相对宽度。

参数 log：如果为 True，则 y 轴使用对数刻度。

参数 color：柱子的颜色。

参数 label：用于图例的标签。

参数 stacked：如果为 True，则多个数据集的直方图会堆叠显示。

参数 **kwargs：其他关键字参数，可以用来控制线条属性，如透明度、线型等。

通常情况下，只需要提供 x 和 bins 参数就可以绘制一个基本的直方图。其他参数可以根据需要进行调整。

（四）绘制散点图

散点图用于展示两个变量之间的关系。

语法格式：plt.scatter(x, y, s=None, c=None, marker=None, cmap=None, norm=None, vmin=None, vmax=None, alpha=None, linewidths=None, edgecolors=None, plotnonfinite=False, data=None, **kwargs)

该函数用于绘制散点图，它可以将一组数据在二维空间中绘制为单独的点。

参数 x 和 y：表示数据的横坐标和纵坐标，它们可以是相同长度的数组或列表。

参数 s：表示点的大小，可以是一个固定值或一个数组，其中每个元素对应一个点的大小。

参数 c：表示点的颜色，可以是单个颜色值，也可以是一个数组，其中每个元素对应一个点的颜色。如果 c 是一个列表或数组，那么它也可以用来映射颜色（通过 cmap 参数）。

参数 marker：表示点的形状，例如 "o" 代表圆圈，"s" 代表正方形等。

参数 cmap：表示一个 Colormap 实例或注册的颜色映射名称，只有在 c 是一个浮点数数组时才使用。

参数 norm：表示一个 Normalize 实例，用于将 c 的数据值标准化到 [0, 1]，以便映射到 cmap。

参数 vmin, vmax：浮点数，用于通过 norm 参数将 c 的数据值缩放到 [0, 1]，vmin 和 vmax 分别是数据值的最小和最大值。

参数 alpha：表示点的透明度，值在 0 到 1 之间。

参数 linewidths：点边缘的线宽。

参数 edgecolors：点边缘的颜色。

参数 plotnonfinite：如果为 True，那么即使 x 或 y 包含无限或 NaN 值，也会绘制对应的点。

参数 data：如果提供，则所有位置和关键字参数都将以 data 为前缀。

参数 **kwargs：其他关键字参数，可以用来控制点的属性。

（五）绘制饼图

饼图通常用于展示不同类别的数据在整体中的占比。

语法格式：plt.pie(x, explode=None, labels=None, colors=None, autopct=None, pctdistance=0.6, shadow=False, labeldistance=1.1, startangle=0, radius=1, counterclock=True, wedgeprops=None, textprops=None, center=(0, 0), frame=False, rotatelabels=False, data=None)

该函数用于绘制饼图，它可以显示数据的相对比例。

参数 x：表示数据数组，表示每个扇区的比例大小。

参数 explode：一个数组，用于指定哪些扇区需要从饼图中分离出来。

参数 labels：一个字符串数组，用于为每个扇区设置标签。

参数 colors：一个颜色数组，用于为每个扇区设置颜色。

参数 autopct：一个格式字符串，用于显示每个扇区的百分比。可以使用 %1.1f 这样的格式化字符串。

参数 pctdistance：表示百分比标签相对于圆心的距离，范围在 0 到 1 之间。

参数 shadow：如果为 True，则饼图将带有阴影效果。

参数 labeldistance：表示标签相对于圆心的距离，范围在 0 到 1 之间。

参数 startangle：表示饼图的起始角度，默认为 0，即从 X 轴开始逆时针旋转。

参数 radius：表示饼图的半径，默认为 1。

参数 counterclock：如果为 True，则饼图扇区从 X 轴逆时针排列；如果为 False，则顺时针排列。

参数 wedgeprops：字典，用于设置饼图扇区的属性，如边缘颜色或宽度。

参数 textprops：字典，用于设置标签的文本属性，如字体大小或颜色。

参数 center：一个元组，表示饼图中心的位置。

参数 frame：如果为 True，则饼图将有一个圆圈框架。

参数 rotatelabels：如果为 True，则标签将根据扇区的角度进行旋转。

参数 data：如果提供，则所有位置和关键字参数都将以 data 为前缀。

4.2.6 绘制箱形图

箱形图（Box Plot）是一种用于显示数据分布情况的图形，它能够展示数据的中位数、四分位数、异常值等信息。

语法格式：plt.boxplot(x, notch=None, sym=None, vert=None, whis=None, positions=None, widths=None, patch_artist=None, meanline=None, showmeans=None, showcaps=None, showbox=None, showfliers=None, boxprops=None, labels=None, flierprops=None, medianprops=None, meanprops=None, capprops=None, whiskerprops=None, manage_ticks=None, autorange=False, zorder=None)

该函数用于绘制箱形图（也称为盒须图），它是一种通过展示一组数据的最大值、最小值、中位数、第一四分位数（Q1）和第三四分位数（Q3）来描述数据分布的统计图表。

参数 x：数据集，可以是列表、数组或 Pandas 序列。如果提供多个数据集，它们将被并排绘制。

参数 notch：如果为 True，则绘制带有缺口（notch）的箱形图，用于展示置信区间。

参数 sym：指定异常值（fliers）的标记符号。

参数 vert：如果为 True（默认），则箱形图垂直绘制；如果为 False，则水平绘制。

参数 whis：指定计算异常值的标准，通常设置为 1.5（IQR），也可以是其他值或一个包含两个元素的列表。

参数 positions：一个序列，用于指定箱形图的位置。

参数 widths：箱形图的宽度。

参数 patch_artist：如果为 True，则箱形图的主体部分将作为填充的矩形绘制，可以通过 boxprops 修改其属性。

参数 meanline：如果为 True，则在箱形图上绘制均值线。

参数 showmeans：如果为 True，则在箱形图上显示均值点。

参数 showcaps：如果为 True（默认），则显示箱形图端部的线。

参数 showbox：如果为 True（默认），则显示箱形图的主体部分。

参数 showfliers：如果为 True（默认），则显示异常值。

参数 boxprops：字典，用于设置箱形图的主体部分的属性。

参数 labels：一个字符串列表，用于设置每个箱形图的标签。

参数 flierprops：字典，用于设置异常值的属性。

参数 medianprops：字典，用于设置中位数线的属性。

参数 meanprops：字典，用于设置均值线的属性。

参数 capprops：字典，用于设置箱形图端部线的属性。

参数 whiskerprops：字典，用于设置箱形图须线的属性。

参数 manage_ticks：如果为 True，则自动管理刻度标签的位置。

参数 autorange：如果为 True，则自动确定异常值的标准。

参数 zorder：设置箱形图在绘图中的层级。

任务实施

1.绘制柱形图

（1）绘制简单柱形图

现使用景点地点分别为重庆、成都、北京、杭州，门票价格分别为 80 元、90 元、120 元、100 元，绘制一个柱形图，直观看出门票价格的区别。具体代码为：

```
import matplotlib
import matplotlib.pyplot as plt
#设置中文字体
matplotlib.rc('font', family='Microsoft YaHei')

#景点地点及门票价格
location = ['重庆','成都','北京','杭州']
price = [80,90,120,100]

#绘制柱形图
plt.bar(location,price)
plt.show()
```

代码执行后，生成的柱形图如图 4-8 所示。

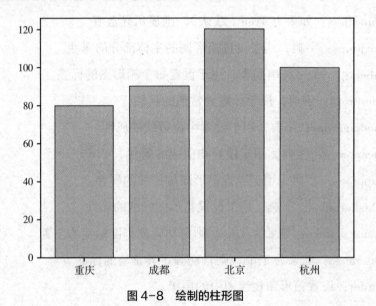

图 4-8　绘制的柱形图

　　针对上图，对其添加标题为"景点地点及门票价格"，X 轴添加标签"地点"，Y 轴添加标签"门票价格"，柱形图颜色为绿色。

　　具体代码为：

```python
import matplotlib
import matplotlib.pyplot as plt

# 设置中文字体
matplotlib.rc('font', family='Microsoft YaHei')

# 景点地点及门票价格
location = ['重庆', '成都', '北京', '杭州']
price = [80, 90, 120, 100]

# 绘制柱形图
fig, ax = plt.subplots()
bars = ax.bar(location, price, color='g')

# 在顶部添加数据标签
ax.bar_label(bars, padding=1)

# 添加标题和标签
ax.set_title('景点地点及门票价格')
ax.set_xlabel('地点')
ax.set_ylabel('门票价格')

plt.show()
```

　　上述代码中，换了一种思路绘制柱形图，首先创建了一个子图，接着绘制柱形图，然后在数据系列顶部添加数据标签，并分别设置柱形图的标题、X 轴标签和 Y 轴标签。

　　代码运行后，绘制的柱形图如图 4-9 所示。

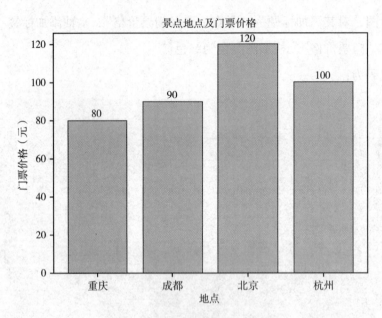

图 4-9　添加数据标签的柱形图

（2）绘制多柱形图

绘制简单柱形图中，只显示了一个数据系列，也就是一个柱形条。在实际应用中，经常会用到多个数据进行比较，这样在生成的柱形图中一个标签对应多个柱形条，在绘制时就需要特别注意柱形条的显示位置，一定不能重叠在一起。

现使用 NumPy 库的 np.random.randint() 函数生成随机整数的数组，数据分别表示海边和山区 1 年各月份的游客人数。使用此数据绘制柱形图。代码为：

```python
import matplotlib
import matplotlib.pyplot as plt
import numpy as np
# 设置中文字体
matplotlib.rc('font', family='Microsoft YaHei')

# 海边和山区 1 年的游客人数
months = ['一月', '二月', '三月', '四月', '五月', '六月',
    '七月', '八月', '九月', '十月', '十一月', '十二月']
island_tourists = np.random.randint(15000, 55000, size=12)
mountain_tourists = np.random.randint(6000, 27000, size=12)
```

```
# 设置柱形图的宽度
bar_width = 0.36

# 计算每个柱形的位置
index = np.arange(len(months))

# 绘制柱形图
plt.figure(figsize=(12, 6))
plt.bar(index,island_tourists,bar_width, label=' 海边 ',color='skyblue')
plt.bar(index + bar_width, mountain_tourists, bar_width,
     label=' 山区 ', color='lightgreen')

# 设置标题和标签
plt.xlabel(' 月份 ')
plt.ylabel(' 游客人数 ')
plt.title(' 不同旅游目的地各月份游客数量柱形图 ')
plt.xticks(index + bar_width / 2, months)

# 添加图例
plt.legend()

# 显示图形
plt.show()
```

代码中，island_tourists = np.random.randint(15000, 55000, size=12)，是生成一个包含 12 个随机整数的 NumPy 数组，每个整数都是在 15000（包含）到 55000（不包含）之间的一个随机整数。这些随机整数代表了一年中每个月份去海边旅游的人数。plt.bar(index + bar_width, mountain_tourists, bar_width, label=' 山区 ', color='lightgreen')，绘制山区的柱形条，参数 index + bar_width 就是确定柱形条的位置，在海边柱形条的位置加上柱形条的宽度，这样两个柱形条就不会出现重叠的情况。plt.xticks(index + bar_width / 2, months)，参数 index + bar_width / 2 是用来计算柱形的中心位置，计算出的中心位置用来设置 X 轴的刻度标签显示位置，标签内容为 months 列表中对应的月份名称。plt.legend()，用来添加图例。

代码执行后，绘制的柱形图如图 4-10 所示。

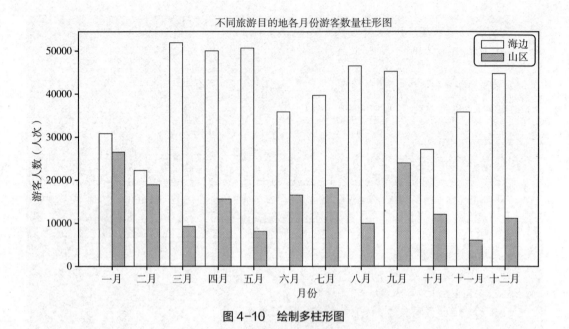

图4-10　绘制多柱形图

2. 绘制条形图

（1）绘制简单条形图

现使用景点地点分别为重庆、成都、北京、杭州，门票价格分别为80元、90元、120元、100元，绘制一个条形图，对其添加标题为"景点地点及门票价格"，Y轴添加标签"地点"，X轴添加标签"门票价格"，柱形图颜色为绿色。

具体代码为：

```python
import matplotlib
import matplotlib.pyplot as plt

# 设置中文字体
matplotlib.rc('font', family='Microsoft YaHei')

# 景点地点及门票价格
location = ['重庆', '成都', '北京', '杭州']
price = [80, 90, 120, 100]

# 绘制柱形图
fig, ax = plt.subplots()
```

```
bars = ax.barh(location, price, color='g')

# 在顶部添加数据标签
ax.bar_label(bars, padding=1)

# 添加标题和标签
ax.set_title('景点地点及门票价格')
ax.set_ylabel('地点')
ax.set_xlabel('门票价格')


plt.show()
```

从代码中，很容易看出绘制柱形图与条形图的区别，绘制条形图，只需要把柱形图的 X 轴和 Y 轴数据对调，绘制图形语句变成 plt.barh() 即可。

代码运行后，生成的条形图如图 4-11 所示。

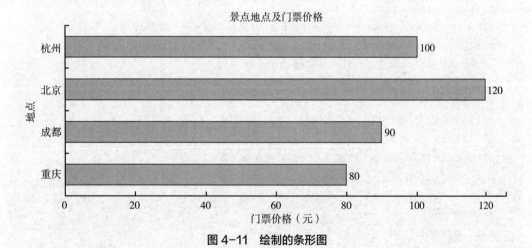

图 4-11　绘制的条形图

（2）绘制多条形图

这里使用绘制多柱形图的数据，绘制多条形图。

具体代码为：

```
import matplotlib
import matplotlib.pyplot as plt
import numpy as np
```

```
# 设置中文字体
matplotlib.rc('font', family='Microsoft YaHei')

# 海边和山区 1 年的游客人数
months = ['一月', '二月', '三月', '四月', '五月', '六月',
    '七月', '八月', '九月', '十月', '十一月', '十二月']
island_tourists = np.random.randint(15000, 55000, size=12)
mountain_tourists = np.random.randint(6000, 27000, size=12)

# 设置柱形图的宽度
bar_width = 0.36

# 计算每个柱形的位置
index = np.arange(len(months))

# 绘制柱形图
plt.figure(figsize=(12, 6))
plt.barh(index, island_tourists, bar_width, label='海边', color='skyblue')
plt.barh(index + bar_width, mountain_tourists, bar_width,
    label='山区', color='lightgreen')

# 设置标题和标签
plt.ylabel('月份')
plt.xlabel('游客人数')
plt.title('不同旅游目的地各月份游客数量柱形图')
plt.yticks(index + bar_width / 2, months)

# 添加图例
plt.legend()

# 显示图形
plt.show()
```

代码执行后，绘制的条形图如图 4-12 所示。

3. 绘制直方图

现绘制一直方图，反应游客年龄分析情况，游客年龄使用随机函数生成，直方图颜色用绿色，边缘颜色用黑色。添加直方图标题和 X 轴、Y 轴标签。

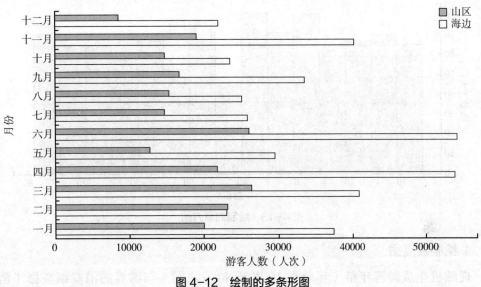

图 4-12 绘制的多条形图

具体代码为：

```python
import matplotlib
import matplotlib.pyplot as plt

# 设置中文字体
matplotlib.rc('font', family='Microsoft YaHei')
# 随机生成游客年龄数据
ages = np.random.randint(6, 80, 1000)

# 绘制直方图
plt.hist(ages, bins=15, color='green', edgecolor='black')
plt.xlabel(' 年龄 ')
plt.ylabel(' 人数 ')
plt.title(' 游客年龄分布直方图 ')
plt.show()
```

代码运行后，生成的直方图如图 4-13 所示。

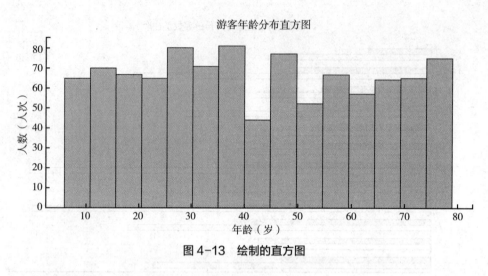

图 4-13　绘制的直方图

4. 绘制散点图

现随机生成游客年龄（年龄在 18 岁至 80 岁之间）与游客的消费额数据（消费额在 0 元至 1000 元之间），使用此数据生成散点图，反映游客年龄与消费额之间的关系散点图。具体代码为：

```
import matplotlib
import matplotlib.pyplot as plt

# 设置中文字体
matplotlib.rc('font', family='Microsoft YaHei')
# 随机生成游客年龄与消费额数据
ages = np.random.randint(18, 80, 100)
spending = np.random.rand(100) * 1000

plt.scatter(ages, spending, color='lightgreen')
plt.xlabel(' 年龄 ')
plt.ylabel(' 消费额（元）')
plt.title(' 游客年龄与消费额散点图 ')
plt.show()
```

代码执行后，生在散点图如图 4-14 所示。

5. 绘制饼图

现有关于旅游的出行方式的统计数据，统计自驾、汽车、火车、飞机这四种出行方式的数据占比，分别为 18、28、44、10，使用此数据绘制饼图。具体代码为：

```python
import matplotlib
import matplotlib.pyplot as plt

# 设置中文字体
matplotlib.rc('font', family='Microsoft YaHei')

# 出行方式、占比及颜色
datas = [18, 28, 44, 10]
labels = ['自驾', '汽车', '火车', '飞机']
colors = ['gold', 'yellowgreen', 'lightcoral', 'lightblue']

# 绘制饼图
plt.pie(datas,labels=labels, colors=colors)
plt.title('游客出行方式')
plt.show()
```

代码执行后中，绘制的饼图如图 4-15 所示。

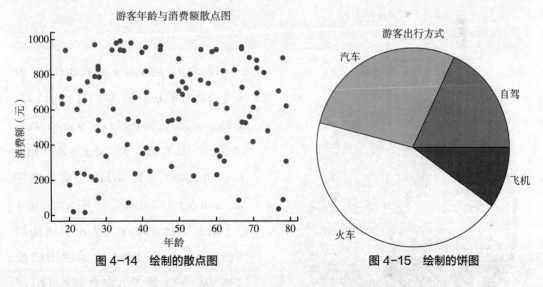

图 4-14　绘制的散点图　　　　　　图 4-15　绘制的饼图

上图绘制的是一个最简单的饼图，现对饼图进行一些格式设置，将突出显示出行方式占比最少的，以分离的形式展示，同时，在饼图中把各种出行方式的占比数据显示出来，饼图添加阴影，饼图的绘制从位于 X 轴正方向右侧约 140 度的位置开始，代码修改为：

```python
import matplotlib
import matplotlib.pyplot as plt

# 设置中文字体
matplotlib.rc('font', family='Microsoft YaHei')

# 出行方式、占比及颜色
datas = [18, 28, 44, 10]
labels = ['自驾', '汽车', '火车', '飞机']
colors = ['gold', 'yellowgreen', 'lightcoral', 'lightblue']
# 分裂显示飞机占比数据
explode = (0, 0, 0, 0.1)

# 绘制饼图
plt.pie(datas, explode=explode, labels=labels, colors=colors,
        autopct='%1.1f%%', shadow=True, startangle=140)
# 设置饼图为圆形
plt.axis('equal')
plt.title('游客出行方式')
plt.show()
```

代码中，explode = (0, 0, 0, 0.1)，表示飞机占比模块分裂显示；plt.pie(datas, explode=explode, labels=labels, colors=colors, autopct='%1.1f%%', shadow=True, startangle=140)，参数 explode 设置分离显示，autopct='%1.1f%%'，表示保留 1 位小数；shadow=True，表示饼图添加阴影；startangle=140，表示饼图的绘制将从位于 X 轴正方向右侧约 140 度的位置开始。

代码运行后，生成的饼图如图 4-16 所示。

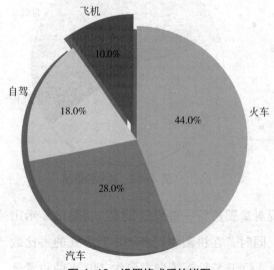

图 4-16　设置格式后的饼图

6. 绘制箱形图

现有五类旅游目的地，分别是海滩度假、健康养生、城市观光、自然风景、文化遗产；每类旅游目的地的消费额数据见表 4-1，使用此数据绘制箱形图。

表 4-1 不同旅游目的地消费额数据（单位：元）

海滩度假	健康养生	城市观光	自然风景	文化遗产
1500	1200	1000	800	1000
1000	800	700	500	600
1200	1100	900	700	800
700	600	500	400	500
900	800	700	600	700

具体代码为：

```
import matplotlib.pyplot as plt
import numpy as np
import matplotlib
# 设置中文字体
matplotlib.rc('font', family='Microsoft YaHei')

# 不同旅游目的地的消费额
destinations = ['海滩度假', '健康养生', '城市观光',
            '自然风景', '文化遗产']
consumption = np.array([[1500, 1200, 1000, 800, 1000],
            [1000, 800, 700, 500, 600],
            [1200, 1100, 900, 700, 800],
            [700, 600, 500, 400, 500],
            [900, 800, 700, 600, 700]])

# 绘制箱形图
plt.figure(figsize=(10, 6))
plt.boxplot(consumption)

# 设置标题和标签
plt.title('不同旅游目的地消费额箱形图')
plt.ylabel('消费额（元）')
```

```
plt.xlabel('目的地')
# 设置 X 轴的刻度标签为 destinations
plt.xticks(range(1, len(destinations) + 1),destinations)

# 显示图形
plt.show()
```

代码运行后，绘制的箱形图如图 4-17 所示。

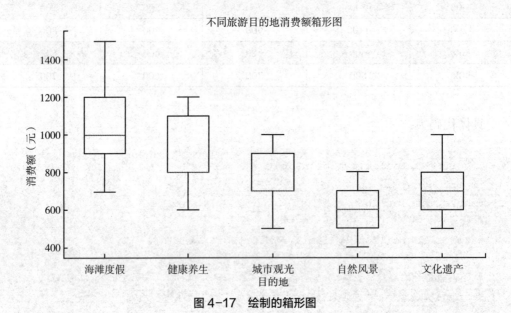

图 4-17 绘制的箱形图

箱形图的每个箱子代表了一类旅游目的地的消费额数据的分布范围，箱子中间的线代表中位数，箱子的上下边缘分别代表第一四分位数（Q1）和第三四分位数（Q3）。有时也会在箱子外出现一点，这个点表示异常值，因为这些值远低于 Q1 或远高于 Q3，此箱形图里没有出现异常值。

| 拓展练习 |

使用任务 4.1 拓展练习的数据，完成以下操作：

（1）使用旅游景点 A 的数据，生成条形图。

（2）使用旅游景点 A 和旅游景点 B 的数据，生成柱形图。

项目五 使用 Seaborn 可视化旅游业务数据

◆ 知识目标

1. 能描述 Seaborn 库的基本功能。

2. 能描述绘制热力图的方法。

3. 能描述绘制线图的方法。

4. 能描述核密度图和散点图的绘制方法。

◆ 能力目标

1. 能使用 Seaborn 绘制热力图。

2. 能使用 Seaborn 绘制线图。

3. 能使用 Seaborn 绘制核密度图。

4. 能使用 Seaborn 绘制散点图。

◆ 素质目标

1. 通过学习 Seaborn 库，提高使用高级工具进行数据可视化的能力。

2. 通过实践 Seaborn 库的使用，学会如何选择合适的图表来解决问题，提高问题解决能力。

3. 鼓励学生在学习过程中尝试新的图表类型和样式，培养创新意识和探索精神。

—— **任务一　使用 Seaborn 绘制热力图和线图** ——

|任务导入|

小肖会使用 Matplotlib 绘制各种图形，现在他想学习使用 Seaborn 对数据进行可视化操作，任务要求如下：

1. 能使用 Seaborn 绘制热力图。

2. 能使用 Seaborn 绘制线图。

（一）认识 Seaborn

1. Seaborn 的特点

Seaborn 是一个基于 Matplotlib 的 Python 数据可视化库，它提供了一个更加直观、简洁的接口来创建统计图形。Seaborn 的图形比 Matplotlib 更具有艺术性和可读性，能够帮助用户更有效地传达数据中的模式和关系。Seaborn 的特点主要体现在：

简单易用：Seaborn 提供了一组高级 API，使用户能够轻松创建各种统计图形，而无须深入了解底层的实现细节。

美观的默认样式：Seaborn 内置了多种美观的样式和配色方案，使得生成的图形更具视觉吸引力。

紧密集成：Seaborn 与 Pandas 数据结构紧密集成，能够轻松地处理 Pandas DataFrame 中的数据。

支持多种图表类型：支持绘制散点图、柱状图、箱线图、热力图、直方图、小提琴图、核密度估计图、成对图等多种类型的图表。

2. Seaborn 库在旅行社销售数据中的应用

客户消费分析：使用散点图或气泡图来展示客户消费与年龄、收入之间的关系。使用箱形图来比较不同年龄段或收入水平的客户消费分布。

旅游产品销售趋势：绘制折线图来展示不同旅游产品（如国内游、出境游、短途游等）的销售趋势。使用热力图来显示销售数据在时间上的分布，如一年中每个月的销售情况。

旅游目的地分析：通过散点图来展示不同旅游目的地的游客数量与人均消费的关系。使用箱形图来分析不同目的地的消费水平分布，帮助决策者了解热门目的地的消费特点。

促销活动效果评估：绘制直方图来展示促销前后销售数据的分布差异。使用箱形图来比较促销前后不同价格区间的销售情况，评估促销活动的效果。

季节性销售分析：通过条形图或折线图来展示一年中各个月份的销售数据，分析季节性变化。使用热力图来显示不同季节的销售数据分布，帮助企业调整营销策略。

客户满意度分析：使用饼图或雷达图来展示不同客户满意度指标的分布情况。借助词云图（虽然 Seaborn 不直接提供词云图，但可以使用 wordcloud 库）展示客户评价中的关键词，分析客户对产品和服务的满意度及改进建议。

使用 Seaborn 可以绘制散点图、柱状图、箱线图、热力图、直方图、小提琴图、核密度估计图、成对图等。在项目四中使用 matplotlib 绘制了折线图、柱形图、条形图、直方图、散点图、饼图。项目五着重使用 seaborn 库绘制与项目四不同的图表以及相同图表的不同绘制方法。

（二）绘制热力图

热力图，用于展示矩阵数据的分布情况。主要通过颜色的变化来表示数据的大小，使得观察者能够快速地识别数据集中的模式、趋势或异常值。

语法格式：seaborn.heatmap(data, vmin=None, vmax=None, cmap=None, center=None, robust=False, annot=None, fmt=".2g", annot_kws=None, linewidths=0, linecolor="white", cbar=True, cbar_kws=None, cbar_ax=None, square=False, xticklabels="auto", yticklabels="auto", mask=None, ax=None, **kwargs)

该函数用于绘制热力图（heatmap），它通常用于展示矩阵类型的二维数据，其中每个单元格的颜色代表该位置的数据值。热力图非常适合展示数据集的相关性矩阵或频率矩阵。

参数 data：一个二维数组或 Pandas DataFrame，包含要绘制的数据。

参数 vmin, vmax：表示数据的颜色映射范围的最小值和最大值。

参数 cmap：用于颜色映射的 Colormap 实例或名称。

参数 center：表示颜色的中心值，即数据集中的中间值，所有颜色映射都围绕这个值展开。

参数 robust：如果为 True，且 vmin 或 vmax 未设置，则使用稳健估计来计算颜色映射范围。

参数 annot：如果为 True，则在热力图上显示每个单元格的数据值；也可以是布尔数组或字符串数组，用于指定要注释的单元格。

参数 fmt：字符串，用于指定注释的格式。

参数 annot_kws：字典，用于设置注释的文本样式。

参数 linewidths：表示单元格边框的线宽。

参数 linecolor：表示单元格边框的颜色。

参数 cbar：如果为 True，则绘制颜色条。

参数 cbar_kws：字典，用于设置颜色条的样式。

参数 cbar_ax：matplotlib Axes 实例，用于放置颜色条。

参数 square：如果为 True，则确保每个单元格都是正方形。

参数 xticklabels 和 yticklabels：用于设置 X 轴和 Y 轴的标签。如果设置为 False，则不显示标签。

参数 mask：布尔数组，用于遮盖某些单元格。

参数 ax：matplotlib Axes 实例，用于绘制热力图。

参数 **kwargs：其他关键字参数，将传递给 imshow()。

（三）绘制折线图

Matplotlib 库和 Seaborn 库都能绘制折线图，在使用方法上存在一些区别。Seaborn 库提供了预定义的样式和调色板，使图表更加美观和具有艺术性，同时，绘制图表语句比较简单。

语法格式：seaborn.lineplot(x=None, y=None, hue=None, size=None, style=None, data=None, palette=None, hue_order=None, hue_norm=None, sizes=None, size_order=None, size_norm=None, dashes=True, markers=None, style_order=None, units=None, estimator='mean', ci=95, n_boot=1000, seed=None, sort=True, err_ style='band', err_kws=None, legend='brief', ax=None, **kwargs)

　　seaborn.lineplot() 是 Seaborn 库中的一个函数，用于绘制线形图，它可以用来展示数据集中的趋势、关系或时间序列数据。线形图非常适合于展示数据随时间或另一个变量变化的连续性。

　　参数 x，y：数据变量名，用于绘制线形图的 X 轴和 Y 轴。

　　参数 hue：用于分组数据并绘制不同颜色的线。

　　参数 size：用于分组数据并绘制不同线宽的线。

　　参数 style：用于分组数据并绘制不同线型和标记的线。

　　参数 data：DataFrame 或数组，包含绘图所需的数据。

　　参数 palette：用于指定颜色列表。

　　参数 hue_order, size_order, style_order：用于控制分组变量的顺序。

　　参数 sizes：用于指定线宽的大小。

　　参数 dashes：布尔值，用于指定是否使用不同的虚线样式。

　　参数 markers：用于指定标记样式。

　　参数 estimator：用于计算每个组的数据点的统计函数。

　　参数 ci：置信区间的百分比。

　　参数 n_boot：用于计算置信区间的引导样本数量。

　　参数 seed：用于引导样本的随机种子。

　　参数 sort：布尔值，用于指定是否根据 X 轴上的值对数据进行排序。

　　参数 err_style：用于指定误差线的样式。

　　参数 err_kws：用于设置误差线的样式。

　　参数 legend：用于指定图例的显示方式。

　　参数 ax：matplotlib Axes 实例，用于绘制线形图。

　　参数 **kwargs：其他关键字参数，将传递给 matplotlib 的绘图函数。

| 任务实施 |

1. 绘制热力图

现有某旅游产品在四个城市（北京、上海、广州、重庆）1 年内的销售数据，见

表 5-1，以此数据绘制热力图，按城市和月份展示销售数据的分布。

表 5-1 某旅游产品销量表（单位：个）

城市	1月	2月	3月	4月	5月	6月	7月	8月	9月	10月	11月	12月
北京	1000	1200	1500	1800	2000	2500	3000	3200	2800	2500	2000	1500
上海	900	1100	1400	1700	1900	2400	2900	3100	2700	2400	2100	1600
广州	800	950	1200	1500	1700	2200	2700	2900	2600	2300	1900	1400
重庆	2100	2050	1100	1400	1600	2100	1600	800	2500	2200	1600	1800

具体代码为：

```python
import pandas as pd
import seaborn as sns
import matplotlib
import matplotlib.pyplot as plt
# 设置中文字体
matplotlib.rc('font', family='Microsoft YaHei')

# 一年内四个城市的销售数据
sales_data = {
    '北京': [1000, 1200, 1500, 1800, 2000, 2500, 3000, 3200, 2800,
    2500, 2000, 1500],
    '上海': [900, 1100, 1400, 1700, 1900, 2400, 2900, 3100,
    2700, 2400, 2100, 1600],
    '广州': [800, 950, 1200, 1500, 1700, 2200, 2700, 2900,
    2600, 2300, 1900, 1400],
    '重庆': [2100, 2050, 1100, 1400, 1600, 2100, 1600, 800,
    2500, 2200, 1600, 1800]
}
months = ['一月', '二月', '三月', '四月', '五月', '六月',
    '七月', '八月', '九月', '十月', '十一月', '十二月']
# 创建一个 DataFrame
df = pd.DataFrame(sales_data, index = months)

# 绘制热力图
sns.heatmap(df)
plt.show()
```

代码运行后，绘制的热力图如图 5-1 所示。

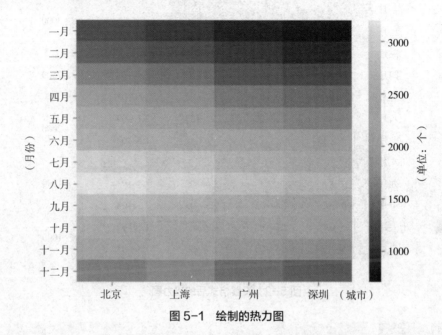

图 5-1　绘制的热力图

代码中，绘制热力图语句，参数仅添加了数据，其他元素均省略了，所以绘制的热力图只显示了行列标签。通常在使用时，需要在每个矩阵里显示数据、指定颜色映射类型、添加图表标题。

那么绘制热力图的代码应修改为：

```
# 绘制热力图
sns.heatmap(df,annot=True, cmap='coolwarm',alpha=0.7)
plt.title(' 旅游产品在四个城市的销售数据热力图 ')
```

绘制热力图语句中，参数 annot=True，表示在矩阵里显示数据，cmap='coolwarm'，表示颜色映射为 coolwarm 类型，也就是从冷色调到热色调的渐变，适合中心对称数据，alpha=0.7，表示图形的透明度值为 0.7。

添加了多个参数的代码运行后，绘制的热力图如图 5-2 所示。

2. 绘制折线图

现使用上面绘制热力图数据，绘制四个城市的销售数据折线图。

具体代码为：

旅游产品在四个城市的销售数据热力图

图 5-2　设置格式后的热力图

```python
import pandas as pd
import seaborn as sns
import matplotlib
import matplotlib.pyplot as plt
# 设置中文字体
matplotlib.rc('font', family='Microsoft YaHei')

# 一年内四个城市的销售数据
sales_data = {
    '北京': [1000, 1200, 1500, 1800, 2000, 2500, 3000, 3200,
    2800, 2500, 2000, 1500],
    '上海': [900, 1100, 1400, 1700, 1900, 2400, 2900, 3100,
    2700, 2400, 2100, 1600],
    '广州': [800, 950, 1200, 1500, 1700, 2200, 2700, 2900,
    2600, 2300, 1900, 1400],
    '重庆': [2100, 2050, 1100, 1400, 1600, 2100, 1600, 800,
    2500, 2200, 1600, 1800]
}
months = ['一月', '二月', '三月', '四月', '五月', '六月',
    '七月', '八月', '九月', '十月', '十一月', '十二月']
```

```
# 创建一个 DataFrame
df = pd.DataFrame(sales_data,index = months)

# 绘制折线图
sns.lineplot(data=df, markers=['o', 's', '^','o'])
plt.title(' 旅游产品在四个城市的销售数据折线图 ')
plt.show()
```

代码执行后，绘制的折线图如图 5-3 所示：

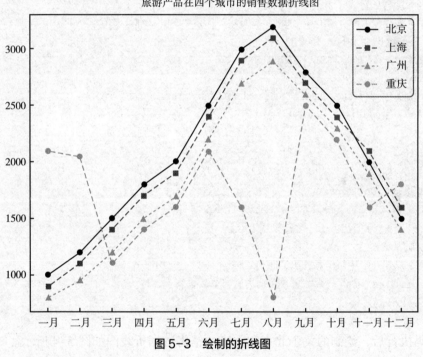

图 5-3　绘制的折线图

代码中，sns.lineplot(data=df, markers=['o', 's', '^','o'])，参数 data=df，表示数据使用数据框 df 里的数据，markers=['o', 's', '^','o'] 是指定折线的数据标记类型，分别为圆圈、正方形、三角形、圆圈。

上述代码绘制了四条折线，若在绘制折线图时，只需要生成北京和重庆的销售数据，则代码中数据需要特别注明，具体代码应该修改为：

```python
import pandas as pd
import seaborn as sns
import matplotlib
import matplotlib.pyplot as plt
# 设置中文字体
matplotlib.rc('font', family='Microsoft YaHei')

# 一年内四个城市的销售数据
sales_data = {
  '北京': [1000, 1200, 1500, 1800, 2000, 2500, 3000, 3200,
  2800, 2500, 2000, 1500],
  '上海': [900, 1100, 1400, 1700, 1900, 2400, 2900, 3100,
  2700, 2400, 2100, 1600],
  '广州': [800, 950, 1200, 1500, 1700, 2200, 2700, 2900,
  2600, 2300, 1900, 1400],
  '重庆': [2100, 2050, 1100, 1400, 1600, 2100, 1600, 800,
  2500, 2200, 1600, 1800]
}
months = ['一月', '二月', '三月', '四月', '五月', '六月',
    '七月', '八月', '九月', '十月', '十一月', '十二月']
# 创建一个 DataFrame
df = pd.DataFrame(sales_data, index = months)
dfs=[df['北京'],df['重庆']]
# 绘制折线图
sns.lineplot(data=dfs, markers=['o', 's'])
plt.title('旅游产品在北京和重庆的销售数据折线图')
plt.show()
```

代码执行后，绘制的关于北京和重庆的销售数据折线图如图 5-4 所示。

指定只绘制北京和重庆两个城市的销售数据折线图的代码中，比绘制所有数据的折线图多给一条语句，dfs=[df['北京'],df['重庆']]。然后在绘制折线图语句中，data=dfs，而不是直接等于原来定义的数据框 df。

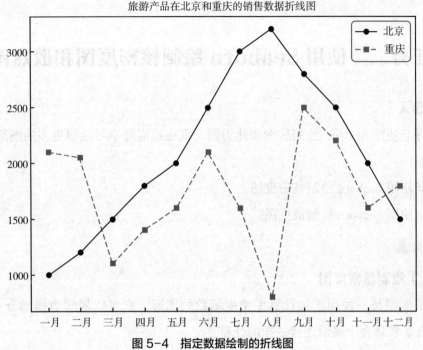

图 5-4 指定数据绘制的折线图

| 拓展练习 |

现有五个旅游城市每个季度酒店住宿的平均价格，数据见表 5-2，请完成以下操作。

表 5-2 五个旅游城市每个季度酒店住宿的平均价格表（单位：元）

季节	北京	重庆	三亚	成都	昆明
春季	100	150	200	120	180
夏季	150	180	220	140	210
秋季	120	160	190	110	170
冬季	90	140	180	100	160

（1）使用 seaborn 库绘制一个热力图，展示不同旅游目的地在四个季节的住宿价格差异。

（2）给绘制的热力图添加适当的标题和轴标签，以及每个单元格显示具体的价格数值。

—— 任务二　使用 Seaborn 绘制核密度图和散点图 ——

| 任务导入 |

小肖会使用 Seaborn 绘制线图和热力图。现在他需要学习绘制更多的图形。任务要求如下：

1. 能使用 Seaborn 绘制核密度图。

2. 能使用 Seaborn 绘制散点图。

（一）绘制核密度图

核密度图是一种用于估计概率密度函数的图形，它可以展示数据的分布情况。这种图表非常适合于展示连续数据的分布。

语法格式为：seaborn.kdeplot(data, data2=None, shade=False, vertical=False, kernel='gau', bw='scott', gridsize=100, cut=3, clip=None, legend=True, cumulative=False, shade_lowest=True, cbar=False, cbar_ax=None, cbar_kws=None, ax=None, **kwargs)

说明：该函数用于绘制核密度估计图。

参数 data: DataFrame 或数组，用于绘制核密度估计的数据。

参数 data2: DataFrame 或数组，如果提供了第二个数据集，将会在同一张图上绘制两个数据集的核密度估计。

参数 shade: 布尔值，如果为 True，则密度曲线下的区域将被着色。

参数 vertical: 布尔值，如果为 True，则将绘制垂直的核密度图。

参数 kernel: 用于密度估计的核函数，默认为 'gau'（高斯核）。

参数 bw: 用于控制核的带宽，可以是一个标量或一个字符串（例如 'scott' 或 'silverman'）。

参数 gridsize: 网格中的点数，用于计算密度估计。

参数 cut: 定义密度估计的支持的宽度为 (x − cut * bw, x + cut * bw)。

参数 clip: 将密度估计限制在指定的范围内。

参数 legend: 布尔值，是否在图上显示图例。

参数 cumulative: 布尔值，如果为 True，则绘制累积分布函数。

参数 shade_lowest: 布尔值，当 shade 为 True 时，是否着色最低级别的曲线。

参数 cbar: 布尔值，当 shade 为 True 时，是否绘制颜色条。

参数 cbar_ax: 用于放置颜色条的坐标轴。

参数 cbar_kws: 颜色条的额外关键字参数。

参数 ax: 用于绘制图形的 Matplotlib 坐标轴对象。

参数 **kwargs: 传递给 plt.plot() 的其他关键字参数。

（二）绘制散点图

Seaborn 的散点图主要用于分析两个变量之间的关系。通过将一个变量的值作为 X 轴，另一个变量的值作为 Y 轴，在二维平面上展示每个数据点的坐标。这种图表可以直观地展示两个变量之间的相关性、趋势和模式。

语法格式：seaborn.scatterplot(x=None, y=None, hue=None, style=None, size=None, data=None, palette=None, hue_order=None, hue_norm=None, sizes=None, size_order=None, size_norm=None, markers=True, style_order=None, x_bins=None, y_bins=None, units=None, estimator=None, alpha=None, x_jitter=None, y_jitter=None, legend='brief', ax=None, **kwargs)

说明：sns.scatterplot() 是 Seaborn 库中的一个函数，用于绘制散点图。

参数 x, y: 数据变量名，用于在散点图中指定 X 轴和 Y 轴的数据。

参数 hue: 数据变量名，用于根据不同的类别创建不同颜色的散点。

参数 style: 数据变量名，用于根据不同的类别创建不同样式的散点。

参数 size: 数据变量名，用于根据不同的类别或大小创建不同大小的散点。

参数 data: DataFrame 或数组，包含绘图所需的数据。

参数 palette: 调色板名称或颜色列表，用于指定 hue 变量的颜色。

参数 hue_order: 字符串列表，用于指定 hue 变量的排序。

参数 hue_norm: 映射到颜色的数值范围，用于标准化 hue 变量的颜色。

参数 sizes: 用于 size 变量的标记大小列表。

参数 size_order: 字符串列表，用于指定 size 变量的排序。

参数 size_norm: 映射到标记大小的数值范围，用于标准化 size 变量的大小。

参数 markers: 标记样式或样式列表，用于指定不同 style 变量的标记。

参数 style_order: 字符串列表，用于指定 style 变量的排序。

参数 x_bins, y_bins: 用于将连续变量离散化的边界，用于创建散点图直方图。

参数 units: 数据变量名，用于在同一个散点上绘制不同的数据集。

参数 estimator: 用于聚合观察值的函数，默认为 np.mean。

参数 alpha: 用于表示散点透明度。

参数 x_jitter, y_jitter: 添加到 x 轴或 y 轴数据的随机噪声，用于避免过度重叠。

参数 legend: 控制图例的显示，可以是 'brief'，'full' 或 'False'。

参数 ax: 用于绘制图形的 Matplotlib 坐标轴对象。

参数 **kwargs: 传递给 plt.scatter() 的其他关键字参数。

| 任务实施 |

1.绘制核密度图

某旅行社近期接待了两个旅游团，行程结束后，旅行社收集到了游客对服务满意度的评分。评分数据见表 5-3。

表 5-3　游客满意度评分表

Scores1	4	4.5	4.2	3.8	4.7	4.3	3.9	4.1	5	4.6
Scores1	3.5	4.4	3.6	3.7	4.9	4.2	4.8	4.1	3.4	3.3
Scores2	4.5	4.2	4	4.7	4.9	3.8	4.6	3.7	4.3	3.7
Scores2	5.5	4.1	3.1	3.5	5	4.6	3.8	4.8	4.4	3.9

现将表 5-3 游客满意度评分数据存放在 Excel 文件中，使用 Pandas 读取数据后，用 Seaborn 绘制核密度图，分析评分情况。

具体代码为：

```
import pandas as pd
import matplotlib
```

```python
import matplotlib.pyplot as plt
import seaborn as sns

# 设置中文字体
sns.set(font='Microsoft YaHei')

# 读取游客满意度评分
df1 = pd.read_excel('D:\\external_data\\scores.xlsx')

# 使用 Seaborn 绘制核密度图
sns.kdeplot(df1['Scores1'])
sns.kdeplot(df1['Scores2'])

# 添加标题和轴标签
plt.title(' 游客满意度评分分布图 ')
plt.xlabel(' 满意度评分 ')
plt.ylabel(' 密度 ')

# 显示图形
plt.show()
```

代码执行后，运行结果如图 5-5 所示。

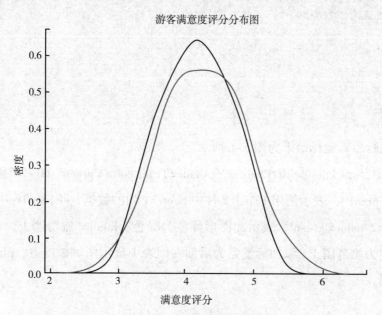

图 5-5　绘制的核密度图

代码中，绘制核密度图语句的参数只给出了数据源，其他参数均省略了。所以生成的核密度图比较简单，现需要对此图添加阴影，指定线条颜色，并添加图例。

具体代码为：

```python
import pandas as pd
import matplotlib
import matplotlib.pyplot as plt
import seaborn as sns

# 设置中文字体
sns.set(font='Microsoft YaHei')

# 读取游客满意度评分
df1 = pd.read_excel('D:\\external_data\\scores.xlsx')

# 使用 Seaborn 绘制核密度图
sns.kdeplot(df1['Scores1'],shade=True, color='green', label=' 旅游团 1')
sns.kdeplot(df1['Scores2'],shade=True, color='blue', label=' 旅游团 2')

# 添加标题和轴标签
plt.title(' 游客满意度评分分布图 ')
plt.xlabel(' 满意度评分 ')
plt.ylabel(' 密度 ')

# 添加图例
plt.legend()
# 显示图形
plt.show()
```

代码执行后，运行结果为图 5-6 所示。

代码中，sns.kdeplot(df1['Scores1'],shade=True, color='green', label=' 旅游团 1')，参数 df1['Scores1']，表示使用 Excel 文件中 Scores1 列的数据，shade=True，表示给图表添加阴影，color='green'，表示此图形颜色为绿色，label=' 旅游团 1'，表示给此图形添加标签为旅游团 1，添加标签是为后面在图表中显示图例做准备，plt.legend() 表示添加图例。

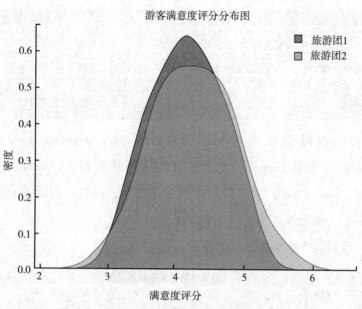

图 5-6　设置格式的核密度

2. 绘制散点图

现用 matplotlib 绘制散点图的数据（随机生成的年龄和消费数据），以此数据来使用 seaborn 绘制散点图。具体代码为：

```python
import matplotlib
import matplotlib.pyplot as plt
import numpy as np
import seaborn as sns

# 设置中文字体
sns.set(font='Microsoft YaHei')

# 随机生成游客年龄与消费额数据
ages = np.random.randint(18, 80, 100)
spending = np.random.rand(100) * 1000

# 使用 seaborn 绘制散点图
sns.scatterplot(x=ages, y=spending,color='red',
        s=12, edgecolor='black')
```

```
# 添加标题和标签
plt.title(' 游客年龄与消费额散点图 ')
plt.xlabel(' 年龄 ')
plt.ylabel(' 消费额（元）')
plt.show()
```

代码中，绘制散点图语句 sns.scatterplot(x=ages, y=spending,color='red', s=12, edgecolor='black')，参数 x=ages，表示 X 轴使用年龄数据，y=spending，表示 Y 轴使用消费数据，color='red'，表示散点的颜色用红色，s=12，表示散点的大小为 12，edgecolor='black'，表示散点的边缘颜色用黑色。

代码执行后，运行结果如图 5-7 所示。

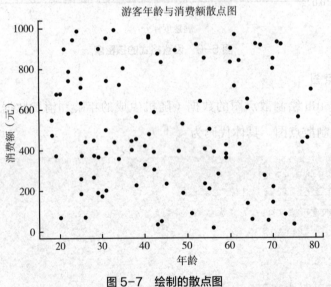

图 5-7　绘制的散点图

现使用 Python 的 Sklearn 库，导入 load_iris() 函数，用于加载鸢尾花数据集。这个数据集是一个经典的多变量数据集，包含 150 个样本，每个样本有四个特征：花萼长度、花萼宽度、花瓣长度和花瓣宽度。这些特征用于预测鸢尾花的种类，种类分别为山鸢尾（Iris setosa）、变色鸢尾（Iris versicolor）和维吉尼亚鸢尾（Iris virginica）。现以鸢尾花数据集创建一个散点图，其中数据点的大小和颜色是根据花萼长度、花萼宽度和花瓣宽度来决定的。通过这个散点图，我们观察不同特征之间的关系，以及它们如何影响鸢尾花的种类。具体代码为：

```
import seaborn as sns
import matplotlib.pyplot as plt
from sklearn.datasets import load_iris

# 加载iris数据集
iris = load_iris()

# 获取特征数据
features = iris.data.T

# 使用seaborn绘制散点图
sns.scatterplot(x=features[0], y=features[1], hue=iris.target,
        palette='viridis', s=100*features[3], alpha=0.2)

# 设置标题和标签
plt.title('Iris Dataset: Sepal Length vs Sepal Width')
plt.xlabel(iris.feature_names[0])
plt.ylabel(iris.feature_names[1])

#显示图片
plt.show()
```

代码执行后，运行结果如图 5-8 所示。

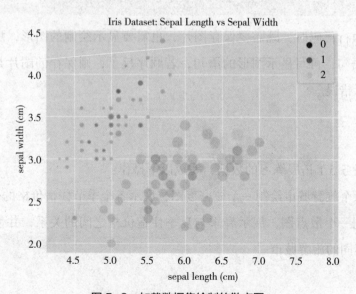

图 5-8　加载数据集绘制的散点图

代码中，from sklearn.datasets import load_iris，表示从 Sklearn 库中加载 load_iris() 函数，即加载鸢尾花数据集；features = iris.data.T，将 iris.data 转置；sns.scatterplot(x=features[0], y=features[1], hue=iris.target, palette='viridis', s=100*features[3], alpha=0.2)，参数中，x=features[0]，y=features[1]，表示指定散点图的 X 轴和 Y 轴的数据，即为花萼长度和花萼宽度；hue=iris.target，表示指定散点图的分类变量，用于为不同类别的数据点着色，来自 iris.target 数组，此数组包含了鸢尾花的种类标签（0 代表山鸢尾，1 代表变色鸢尾，2 代表维吉尼亚鸢尾）；palette='viridis'，指定用于颜色映射的调色板，'viridis' 是一个预定义的颜色映射，它将类别标签映射到不同的颜色；s=100*features[3]，指定数据点的大小，将数据点的大小设置为花瓣宽度（features[3]）的 100 倍。

3. 保存图片

使用 Matplotlib 绘制的图形和使用 Seaborn 绘制的图形，根据实际需要，可以将绘制的图形保存在指定的路径下，保存图片的语法格式为：plt.savefig()

如将上面绘制的散点图保存在 D:\external_data 文件夹下，图片名为：scatter.png。具体代码为：

```
# 保存图形
plt.savefig('D:\\external_data\\scatter.png')
```

如果在执行代码时，既需要保存图片，也需要显示绘制的图形，那么一定先写保存图片的语句，再写显示图形的语句，若顺序反了，则保存的图片是空白的，代码也不会提示错误。

| 拓展练习 |

请根据任务 5.1 拓展练习的数据，完成以下操作：

（1）为每个旅游城市绘制一个核密度图，展示各个季节住宿价格的分布情况。

（2）绘制一个散点图，展示春季与夏季住宿价格之间的关系，并使用不同颜色和形状区分不同的旅游城市。

项目六 使用 WordCloud 和 Jieba 可视化旅游业务数据

◆ 知识目标

1. 能描述 WordCloud 库的基本概念和使用方法。

2. 能描述 Jieba 库的基本功能和使用方法。

3. 能描述使用 WordCloud 库绘制词云图的流程。

4. 能说出文本预处理的常用步骤。

◆ 能力目标

1. 能使用 WordCloud 绘制英文词云图。

2. 能使用 WordCloud 和 Jieba 绘制中文词云图。

3. 能使用 Jieba 对文本进行分词。

◆ 素质目标

1. 通过绘制词云图，提高对数据可视化工具的应用能力，增强数据展示的直观性和吸引力。

2. 在文本预处理和词云图绘制过程中，注重细节，培养细致严谨的工作态度。

任务一 使用 WordCloud 绘制词云图

|任务导入|

小肖已经会使用 Matplotlib 和 Seaborn 库对数据进行可视化操作，现在他需要根据文字出现的频率来生成词云图，那么，任务要求如下：

1. 能够使用 WordCloud 绘制英文词云图。

2. 能够使用 WordCloud 和 Jieba 绘制中文词云图

（一）认识 WordCloud 和 Jieba

1. 什么是 WordCloud

WordCloud，在中文中经常被称为"词云"或"文字云"，是一种通过视觉方式展示文本数据中词语频率的技术。也就是说，词云（WordCloud）是一种数据可视化技术，它根据文本中单词的频率或权重来生成视觉上吸引人的词云图。在词云图中，单词的大小和颜色通常与其在文本中的出现频率相关，频率越高的单词显示得越大、越醒目。这种图表可以帮助我们快速洞察一个文本中的重要主题、关键词和热门内容，广泛应用于文本挖掘、舆情分析、数据可视化和信息概览等领域。

在 Python 中，通常使用 WordCloud 库来创建和生成词云图。WordCloud 是一款轻量级的 Python 词云生成库，依赖的第三方库主要有 NumPy、PIL（Pillow）和 Matplotlib。它默认支持自动生成英文词云，如果使用中文词云，则需要使用中文分词器（如 Jieba）和中文字体。WordCloud 库的基本使用方法包括将词云作为一个 WordCloud 对象，配置参数、加载文本、输出文件等步骤。

总之，WordCloud（词云）是一种强大的数据可视化工具，它利用视觉元素（如字体大小和颜色）来展示文本数据中词语的频率分布，从而帮助人们快速理解文本的主题和重点。

2. 什么是 Jieba

Jieba 是一种流行的中文分词工具，主要用于 Python 编程语言。它的名字来源于中文"结巴"，寓意着将不连贯的文本（如同说话结巴一样）分割成流畅的词语。

Jieba 支持三种分词模式：

（1）精确模式。试图将句子最精确地切开，适合文本分析。该模式下，Jieba 会利用一个已经训练好的词典来寻找最优的词切分组合。

（2）全模式。把句子中所有可以成词的词语都扫描出来，速度非常快，但是不能保证分词的精确性。该模式下，Jieba 会尽可能多地识别出句子中的所有词语，包括可能并不构成完整语义的片段。

（3）搜索引擎模式。在精确模式的基础上，对长词再次切分，以提供更适用于搜索引擎构建索引的分词结果。

同时，Jieba 支持自定义词典，用户可以添加自己的词汇到 Jieba 的词典中，以便更好地处理特定领域的文本。Jieba 基于 Trie 树结构，使用 Trie 树来实现高效的词频统计和前缀匹配。使用概率图模型，基于 HMM（隐马尔可夫模型）实现新词识别和分词。

总之，Jieba 分词是中文自然语言处理中非常基础且重要的一个环节，广泛应用于文本挖掘、信息检索、中文信息处理等领域。由于 Jieba 的分词结果是基于词频和概率图模型的，因此它在处理中文文本时相对准确和高效。

3. WordCloud 在旅游行业的应用

WordCloud 在旅游行业的应用主要集中在以下五个方面：

（1）旅游目的地推广

主题提炼。通过收集大量关于某个旅游目的地的文本数据（如游记、评论、社交媒体帖子等），利用词云技术可以快速提炼出该目的地的关键词，如"海滩""美食""古迹"等，从而帮助旅游机构或营销人员了解该目的地的核心吸引力和游客关注点。

视觉营销。将提炼出的关键词以词云的形式展示，可以制作出吸引人的视觉营销材料，如海报、宣传册等，用于线上线下推广，提高目的地的知名度和吸引力。

（2）旅游产品分析

客户需求洞察。可以分析游客对旅游产品的评论和反馈，利用词云技术可以直观地展示游客对产品的满意度、关注点以及改进建议。例如，如果"服务"和"价格"两个词在词云中较为突出，可能意味着游客对服务质量和价格较为敏感，需要在这两个方面进行优化。

产品优化。基于词云分析的结果，旅游企业可以有针对性地调整产品策略，优化产品设计和服务流程，以满足游客的需求和期望。

（3）旅游趋势预测

热点追踪。通过监测社交媒体、旅游论坛等渠道上的旅游相关话题和讨论，利用词云技术可以及时发现旅游市场的热点和趋势。例如，某个新兴旅游目的地的名字在词云中频繁出现，可能意味着该目的地即将成为热门旅游地。

市场策略调整。根据旅游趋势的预测结果，旅游企业可以灵活调整市场策略，抓住市场机遇，推出符合游客需求的旅游产品和服务。

（4）旅游评价分析

情感分析。结合自然语言处理技术，词云还可以用于分析游客对旅游产品或服务的情感态度。通过颜色、大小等视觉元素的变化，可以直观地展示游客的正面、负面或中性评价。

反馈细节挖掘。基于情感分析的结果，旅游企业可以了解游客的满意度和不满点，从而提出具体的改进建议，提升游客的满意度和忠诚度。

（5）定制化旅游体验

个性化推荐。通过分析游客的搜索历史、浏览记录等数据，利用词云技术可以挖掘出游客的兴趣偏好和旅行需求。旅游企业可以根据这些信息为游客提供个性化的旅游推荐和定制化的旅游体验。

增强互动。在旅游过程中，词云还可以用于增强游客与旅游产品的互动体验。例如，在景区内设置互动装置或App功能，让游客通过拍照、留言等方式参与词云的生成和展示，增加游客的参与感和归属感。

综上所述，WordCloud在旅游行业的应用涵盖了旅游目的地推广、旅游产品分析、旅游趋势预测、旅游评价分析以及定制化旅游体验等多个方面。通过利用词云技术，旅游企业可以更好地了解市场需求和游客需求，优化产品和服务策略，提升市场竞争力。

（二）WordCloud库的常规方法

WordCloud库是一个用于生成词云的Python库，它提供了一些基本的方法来创建和定制词云。

（1）WordCloud()

WordCloud() 是创建词云对象的基本方法，可以通过这个方法来初始化一个 WordCloud 对象，并可以设置一些基本参数。

WordCloud() 参数有很多，具体见表 6-1，可以根据需要选择添加相应的参数。

表 6-1 WordCloud() 常用参数

width	设置词云图的宽度，默认为 400。
height	设置词云图的高度，默认为 200。
background_color	设置词云图的背景颜色，默认为 "black"。
mask	一个遮罩图像，词云将根据这个图像的形状生成。
min_font_size	设置词云图中最小的字体大小。
max_font_size	设置词云图中最大的字体大小。
font_step	设置词云图中字体大小的步长。
font_path	设置字体文件的路径，用于显示中文时需要指定中文字体。
max_words	设置词云图中显示的最大单词数量。
stopwords	设置一个停用词列表，这些词不会被显示在词云中。
prefer_horizontal	设置单词水平排列的偏好程度，范围从 0 到 1。

（2）generate(text)

generate(text) 方法用于从给定的文本中生成词云。此方法中参数 text 为用户给定的文本。

（3）to_file(filename)

to_file(filename) 方法用于将生成的词云保存为图片文件，此方法中参数 filename 为用户给定保存的路径及文件名。

（4）generate_from_frequencies(frequencies)

generate_from_frequencies(frequencies) 方法是指已经有了单词的频率数据，可以使用这个方法来生成词云。

（三）使用 WordCloud 生成词云图的步骤

（1）导入相应的库，WordCloud 库以及其他需要的库，如 Matplotlib 和 Jieba。

（2）创建 WordCloud 对象，并设置相关参数，如字体路径（针对中文文本）、背景颜色、最大显示的单词数、最大字号等。

（3）生成词云，可以调用 WordCloud 对象的 generate() 方法或使用词频字典 generate_from_frequencies() 方法来生成词云图。

（4）显示词云图，使用 Matplotlib 的 imshow() 函数显示词云图，并关闭坐标轴。

（5）保存词云图，如果需要将生成的词云图保存为图片文件，可以使用 WordCloud 对象的 to_file() 方法。

|任务实施|

1. wordcloud 库常规方法的应用

（1）WordCloud()

创建一个 WordCloud 对象，命名为 w1，具体代码为：

```
# 从 wordcloud 库中导入 WordCloud 类
from wordcloud import WordCloud

# 创建 WordCloud() 对象 w1
w1 = WordCloud()
```

上述代码中，第一行代码 from wordcloud import WordCloud，是从 WordCloud 库中导入 WordCloud 类，只要代码中涉及 WordCloud 对象，就必须有这条语句。第二行代码 w1 = WordCloud()，即初始化一个 WordCloud 对象，该处参数为空。

（2）generate(text)

现给定文本 "Python and Excel,WordCloud and Jieba"，在代码中使用方式如下：

```
# 给定文本 "Python and Excel,WordCloud and jieba" 生成词云
w1.generate("Python and Excel,WordCloud and jieba")
```

（3）to_file(filename)

现将上述方法 generate（"Python and Excel,WordCloud and Jieba"）生成的词云保存为图片，保存的路径及文件名为 D:\external_data\pywordcloud-1.png。

具体代码为：

```
w1.to_file("d:/external_data/pywordcloud-1.png")
```

代码运行后，可以在 D:\external_data 文件夹中看到图片 pywordcloud-1.png，如图 6-1 所示。

图 6-1　保存的图片位置及图片内容

（4）generate_from_frequencies(frequencies)

假设给定的文本统计出 Python 出现的频率为 8 次和 WordCloud 出现的频率为 5 次，那么具体代码为：

```
word_freq = {"Python": 8, "WordCloud": 5}
w1.generate_from_frequencies(word_freq)
```

同样，fit_words(words) 方法也用于根据单词的频率来生成词云。根据上述词频，使用该方法的具体代码为：

```
word_freq = {"Python": 8, "WordCloud": 5}
w1.fit_words(word_freq)
```

2. 使用 WordCloud 生成词云图

根据使用 WordCloud 生成词云图的步骤，以文本"Python and Excel,WordCloud and Jieba"生成词云图，要求生成的词云图背景为 lightblue，宽度为 600，高度为 400，最大字体尺寸为 100。显示词云图，并将其保存在 D:\external_data 文件夹中，图片命名为 pywordcloud-2.png。

具体代码为：

```
# 导入库
from wordcloud import WordCloud
import matplotlib.pyplot as plt
```

```
# 创建词云对象
wl = WordCloud(background_color='lightblue',
        max_font_size=100,
        width=600,
        height=400 )

# 生成词云
text = "Python and Excel,WordCloud and Jieba"
wl.generate(text)

# 显示词云图
plt.imshow(wl)
plt.axis("off")   # 不显示坐标轴
plt.show()   # 显示图像

# 保存词云图
wl.to_file("d:/external_data/pywordcloud-2.png")
```

代码运行后，显示的图片及保存的图片结果如图 6-2 所示。

6-2   保存的图片位置及显示的图片结果

上述代码中，生成词云图是调用 WordCloud 对象的 generate() 方法实现的，下面使用词频字典 generate_from_frequencies() 方法来生成词云图，文本及词频为：'Python': 100, 'Excel': 80, 'WordCloud ': 60,'jieba ': 40，最后将生成的图片保存并命名为 pywordcloud-3.png。其他要求与上面相同。

那么具体代码为：

```
# 导入库
from wordcloud import WordCloud
import matplotlib.pyplot as plt
```

```
# 创建词云对象
wl = WordCloud(background_color='lightblue',
        max_font_size=100,
        width=600,
        height=400 )

# 生成词云
frequencies = {'Python': 100, 'Excel': 80,
        'WordCloud ': 60,'jieba ': 40}
wl.generate_from_frequencies(frequencies)

# 显示词云图
plt.imshow(wl,interpolation='bilinear')
plt.axis("off")   # 不显示坐标轴
plt.show()   # 显示图像

# 保存词云图
wl.to_file("d:/external_data/pywordcloud-3.png")
```

代码运行后，显示的图片及保存的图片结果如图 6-3 所示。

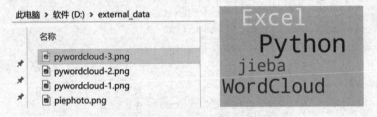

6-3　保存的图片位置及显示的图片结果

在生成词云图时可以按照一张图片的形状来绘制词云，这样只需要在 WordCloud 对象的参数中添加 mask，但是需要另外导入两个库，一个是 Pillow 库（PIL 的一个分支），使用 PIL 库的 Image 模块加载图片文件，另一个是 NumPy 库，需要使用 NumPy 库的 array 函数将其转换为 NumPy 数组，这是因为 WordCloud 的 mask 参数需要 NumPy 数组格式的图像。在创建 WordCloud 对象时，将这个数组作为 mask 参数传递。这样，生成的词云就会按照遮罩图像的形状来排列文字。

现使用 D:\external_data 文件夹中的图片 pymask.jpg 作为遮罩图，生成一个词云图，文本及词频为：'Python': 200, 'Excel': 150,'Java': 50,'Anaconda': 180,'WordCloud': 60, 'jieba':

40，最后将显示图片并将生成的图片保存，命名为 pywordcloud-4.png，具体代码为：

```python
# 导入相关库
from wordcloud import WordCloud
import matplotlib.pyplot as plt
from PIL import Image
import numpy as np

# 加载遮罩图像
ra1 = Image.open('D:/external_data/pymask.jpg')
mask_image = np.array(ra1)

# 创建词云对象，并添加 mask 参数
w1 = WordCloud(background_color='lightblue',
        max_font_size=100,
        width=600,
        height=400,
        mask=mask_image)   # 使用遮罩图片

# 生成词云
frequencies = {'Python': 200, 'Excel': 150,
        'Java': 50,'Anaconda': 180,
        'WordCloud': 60, 'jieba': 40}
w1.generate_from_frequencies(frequencies)

# 显示词云图
plt.imshow(w1, interpolation='bilinear')
plt.axis("off")   # 不显示坐标轴
plt.show()   # 显示图像

# 保存词云图
w1.to_file("d:/external_data/pywordcloud-4.png")
```

代码中，ra1 = Image.open('D:/external_data/pymask.jpg') 表示使用 PIL 库中的 Image 模块读取图片 pymask.jpg，将读取到的图片赋值给 ra1,mask_image = np.array(ra1)，表示使用 numpy 库的 array 函数将图片转换为数组，并将数组赋值给 mask_image，最后在 WordCloud() 参数中增加 mask，将 mask_image 数组作为 mask 参数传递。这样生成的词云图就按照图片 pymask.jpg 中的图像形状显示词云。

代码运行后，显示的结果如图 6-4 所示。

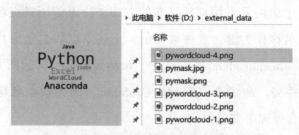

图 6-4　生成的词云图结果及保存的图片位置

3. 使用 WordCloud 生成含中文的词云图

前面已经详细描述了使用 WordCloud 生成词云的步骤，并通过代码实际生成了词云图，但是细心观察应该会发现，前面使用的文本均为英文，没有涉及中文。在实际应用中，大多数情况下都需要用到中文，那么在处理中文时，就需要添加处理中文的库及生成词云时添加指定中文字体的参数。如果不添加这些代码，运行代码也不会报错，只是在显示图表时里面的中文无法正确显示。

添加 matplotlib 库及设置中文字体显示的代码为：

```
import matplotlib
#中文字体显示
matplotlib.rc('font', family='Microsoft YaHei')
```

现需要根据上海市一些景点数据生成词云图，原始的部分数据如图 6-5 所示。

```
景点名称,攻略提到的数量,点评数,星级
上海野生动物园Shanghai Wild Animal Park,14,23130,94%
黄浦滨江Huangpu Binjiang,0,50,92%
淮海公园Huaihai Park,2,227,90%
人民公园Shanghai People's Park,11,661,92%
上海迪士尼度假区Shanghai Disney Resort,151,33362,94%
外滩The Bund,492,48701,96%
武康路Wukang Road,33,432,94%
东方明珠Oriental Pearl Radio & Television Tower,229,47217,94%
城隍庙旅游区Shanghai City God Temple Tourist Area,30,5643,94%
豫园Yu Garden,181,10350,94%
静安寺Jing'an Temple,34,884,92%
外白渡桥Garden Bridge,74,1312,94%
田子坊Tianzifang,216,3395,88%
上海博物馆Shanghai Museum,59,2390,94%
上海自然博物馆Shanghai Natural History Museum,18,2154,96%
上海海昌海洋公园Shanghai Haichang Ocean Park,0,1939,92%
```

图 6-5　上海市部分景点数据

上述数据一共包含 4 列，即景点名称、攻略提到的数量、点评数、星级，对于生成的词云图，要求生成词云采用词频字典的方式，这里使用景点名称和点评数，对应字典时，把景点名称作为键，点评数为值。上述景点数据是保存在 D 盘 external_data 文件夹里的文件 scenic_shanghai.csv 中。最后需要显示词云图并保存词云图至 D 盘 external_data 文件夹，命名为 pywordcloud-5.png，因为景点名称里包含中文，所以在代码中需要包含处理中文的语句。

具体代码为：

```python
# 导入相关库
import matplotlib
from wordcloud import WordCloud
from matplotlib import pyplot as plt
import pandas as pd

# 中文字体显示
matplotlib.rc('font', family='Microsoft YaHei')

# 读取景点旅游数据文件
w2=pd.read_csv("D:\\external_data\\scenic_shanghai.csv")

# 初始化字典 frequency
frequency={}

# 跳过第 1 行列标题，将景点名称与点评数数据存入字典 frequency
for row in w2.values:
 if row[0]=='景点名称':
    continue
 else:
  frequency[row[0]]=row[2]

# 生成词云
wordcloud=WordCloud(font_path='C:/Windows/Fonts/simkai.ttf',
          background_color='white',
          width=1400,height=1200)
wdc=wordcloud.generate_from_frequencies(frequency)
```

```
# 词云图标题
plt.title(' 上海市旅游景点排名词云图 ')

# 显示词云图
plt.imshow(wdc)
plt.show()

# 保存词云图
wdc.to_file("d:/external_data/pywordcloud-5.png")
```

代码中，语句块：

```
for row in w2.values:
 if row[0]==' 景点名称 ':
   continue
 else:
   frequency[row[0]]=row[2]
```

在循环中，row 变量依次被赋值为 w2.values 数组中的每一行。因此，row 是一个包含该行所有值的数组（或列表），其长度等于 DataFrame 的列数。

条件判断语句 if row[0]==' 景点名称 '：这行代码检查当前行的第一个元素（DataFrame 的第一列）是否等于字符串 ' 景点名称 '。这用于跳过表头行，因为文件中表头行表示的是列名而不是实际数据。若表达式成立，则跳过表头。若不成立，则执行语句 frequency[row[0]]=row[2]。

frequency[row[0]]=row[2]：如果当前行不是表头行，这行代码将执行。这里，row[0] 访问当前行的第一个元素（景点的名称），而 row[2] 访问当前行的第三个元素（点评数）。然后，这行代码将景点的名称作为键，将对应的点评数作为值，存储到 frequency 字典中。

生成词云语句中，WordCloud 的参数 font_path='C:/Windows/Fonts/simkai.ttf'，用来指定 WordCloud 生成词云图时所使用的中文字体文件路径。

代码执行后，运行结果如图 6-6 所示。

图6-6　生成的词云图结果及保存的图片位置

| 拓展练习 |

现收集了一组英文旅游评论，以下是一些评论的文本：

"The scenery in Hainan is breathtaking, beautiful beaches and friendly locals.

Gulangyu in Xiamen is a must-see, and the city has a vibrant culture.

The Forbidden City in Beijing is rich in history, with iconic landmarks like the Tiananmen.

Pudong in Shanghai offers a fascinating blend of tradition and modernity.

Hong Kong is the city that never sleeps, with so much to see and do."

完成以下操作：

（1）使用 WordCloud 库创建一个英文词云图，展示这些评论中最常出现的单词。

（2）设置词云图的背景颜色为白色，并使用默认的字体。

任务二　使用 WordCloud 和 Jieba
生成中文词云图

| 任务导入 |

小肖会使用词库制作词云图，但是他发现如果使用的词库全是汉字，那么汉字怎么分隔呢？这就需要使用 Jieba，那么任务要求如下：

1. 能够使用 Jieba 对文本进行分词。

2. 能够理解文本预处理的常用步骤。

（一）使用 Jieba 库进行文本预处理

对中文自然语言进行文本预处理，通常是使用 Jieba 进行。Jieba 是一个强大的中文分词库，支持三种分词模式：精确模式、全模式和搜索引擎模式。文本预处理通常包括分词、去除停用词、词干提取、词性标注等步骤。下面将详细解释如何使用 Jieba 进行基本的文本预处理。

现根据文本预处理常用步骤——文本分词、去除停用词、词干提取、词性标注，逐一描述每一个步骤的实际应用方法。

1. 文本分词

使用 Jieba 进行文本分词有三种模式，下面分别描述。

精确模式的语法格式：jieba.cut(text, cut_all=False)

全模式的语法格式：jieba.cut(text, cut_all=True)

搜索引擎模式的语法格式：jieba.cut_for_search(text)

三种语句的参数中 text 均代表需要进行分词的文本。

2. 去除停用词

停用词（Stop Words）是指在文本中频繁出现，但对于文本主题或情感分析没有实际帮助的词语，如"的""了""在"等。去除停用词可以简化文本，提高处理效率。

3. 词干提取

词干提取是自然语言处理领域的一项关键技术，旨在简化词汇，将其转化为基础形态或根词。这一过程涉及移除单词的附加部分，如前缀、后缀或变形词尾，以提取出能代表多个相关词汇的核心词根。通过降低文本中的词汇异质性，词干提取提高了文本分析的效率，减少了所需处理的词汇种类。此技术大多采用启发式方法，依照特定规则对词汇进行裁剪。知名的词干提取算法有 Porter 算法和词形还原等。这个过程通常用于英文等具有丰富词形变化的语言，以便简化文本分析。

以英文为例，词干提取器可能会将"fishing""fished""fish"和"fisher"都简化为同一个词干"fish"。然而，需要注意的是，这种简化并不总是能准确地反映单词的原始意义或词性。

4. 词性标注

Jieba 除了分词功能外，还提供了词性标注（POS Tagging）的功能，这是一个在自然语言处理中非常有用的特性，因为它能够帮助我们理解文本中每个词的语法功能和语义类别。

Jieba 的词性标注基于内置的词典，主要使用分词的结果来为每个词标注一个词性标签。这些标签代表了词语在句子中的语法功能，如名词、动词、形容词等。Jieba 使用预先训练好的模型，根据词语的上下文自动进行词性标注，为用户提供更丰富的文本分析信息。

Jieba 的词性标注方法很简单，使用 jieba.posseg 模块来进行词性标注。所以在使用词性标注前一定要先导入 jieba.posseg 模块。

| 任务实施 |

1. 文本分词

现以文本"旅游大数据系列教材，旅游大数据分析与可视化"为例，使用文本分词的三种模式进行分词，观察其结果。每个分词之间用"/"隔开。

具体代码为：

```
# 导入 jieba 库
import jieba

# 需进行分词的文本
text = "旅游大数据系列教材，旅游大数据分析与可视化"

# 精确模式
print("精确模式: ")
seg_list = jieba.cut(text, cut_all=False)
print('/'.join(seg_list))

# 全模式
print("\n 全模式: ")
```

```
seg_list = jieba.cut(text, cut_all=True)
print('/'.join(seg_list))

# 搜索引擎模式
print("\n 搜索引擎模式: ")
seg_list = jieba.cut_for_search(text)
print('/'.join(seg_list))
```

代码执行后，运行结果如图 6-7 所示。

```
精确模式：
旅游/大/数据/系列/教材/，/旅游/大/数据分析/与/可视化

全模式：
旅游/大数/数据/系列/教材/，/旅游/大数/数据/数据分析/分析/与/可视/可视化

搜索引擎模式：
旅游/大/数据/系列/教材/，/旅游/大/数据/分析/数据分析/与/可视/可视化
```

图 6-7　采用三种分词模式的运行结果

从结果可以看出，三种分词模式的结果均有所不同，精确模式进行分词的结果比较简洁，没有根据语义添加文字；全模式在分词时，会根据语义添加文字以形成更多的词语，如原始文本中"大数据分析"五个字会分为"大数、数据、数据分析、分析"四个词语；而搜索引擎模式，则在精确模式的基础上对比较长一点的词语再次进行分隔，如精确模式结果中"数据分析"一词，被分隔为"数据、分析、数据分析"三个词。三种分词模式都有其适用的场景，实际应用时可以根据具体需求选择合适的分词模式。

2. 去除停用词

针对文本"对比 Excel，Python 在旅游大数据分析中的应用与实践"，采用精确模式进行分词，然后将文本里的"的""了""在""中""与""大"，设置为停用词，现编写代码实现去除停用词的功能。

具体代码为：

```
# 导入jieba库
import jieba
```

```
# 需进行分词的文本
text = " 旅游大数据系列教材，旅游大数据分析与可视化 "

# 精确模式
print(" 精确模式: ")
seg_list = list(jieba.cut(text, cut_all=False))
print('/'.join(seg_list))
# 设置包括停用词的列表
stopwords = set([" 的 ", " 了 ", " 在 ", " 中 "," 与 "," 大 "," 对 "," 比 "])

# 去除停用词
filtered_words = [word for word in seg_list if word not in stopwords]
print("\n 去除停用词后: " + "/ ".join(filtered_words))
```

代码执行后，运行结果如图 6-8 所示。

精确模式：
旅游/大/数据/系列/教材/，/旅游/大/数据分析/与/可视化

去除停用词后: 旅游/ 数据/ 系列/ 教材/ 旅游/ 数据分析/ 可视化

图 6-8　去除停用词的结果

代码中，seg_list = list(jieba.cut(text, cut_all=False))，首先将使用 Jieba 库的精确模式进行分词，这时返回的是一个生成器，然后将该生成器转换成列表，再赋值给 seg_list。而在前面文本分词段落中描述三种分词模式时，是直接将 Jieba 库的分词结果赋值给 seg_list，因为这时 seg_list 是一个生成器（generator），它在第一次迭代后就被消耗掉了。因此，在实现去除停用词功能代码中，如果不将 seg_list 转换成列表，直接使用代码 seg_list = jieba.cut(text, cut_all=False)，当再次迭代 seg_list（在去除停用词的循环中）时，它已经是空的，会导致 filtered_words 为空列表，所以当需要再次迭代 seg_list 时，一定将其转换为列表，这样就不会丢失任何数据。

3. 词干提取

相对中文来说，去除停用词实现的功能更接近于词干提取。如对文本"天生三桥啦、仙女山啊、芙蓉洞了、都在重庆。"采用去除停用词的方法可以得到更为简洁的文字，以实现词干提取的效果，实现的具体代码为：

```
import jieba

# 词干提取文本
text = "桃花源啦、仙女山啊、芙蓉洞了、都在重庆。"

# 分词
words = jieba.cut(text)

# 设置停用词列表
stop_words = set(["啦", "啊", "在", "了", "。", "、","都"])

# 去除停用词，实现类似词干提取的效果
filtered_words = [word for word in words if word not in stop_words]

# 输出处理后的结果
print(filtered_words)
```

代码执行后，运行结果如图 6-9 所示。

['桃花源', '仙女山', '芙蓉洞', '重庆']

图 6-9　实现词干提取结果

上述代码使用去除停用词功能来简化文本，从而得到了一些更为简洁的词语列表，这可以看作一种简单的词干提取过程。

需要注意的是，Jieba 和其他中文分词工具通常不提供专门的词干提取功能，因为中文词语的构成和使用与英文等语言有着本质的不同。中文 NLP 中的"词干提取"更多的是指通过分词、去除停用词和词义消歧等手段来提取文本的核心内容。

4. 词性标注

Jieba 除了分词功能外，还提供了词性标注（POS Tagging）的功能，这是一个在自然语言处理中非常有用的特性，因为它能够帮助我们理解文本中每个词的语法功能和语义类别。

Jieba 的词性标注基于内置的词典，主要使用分词的结果来为每个词标注一个词性标签。这些标签代表了词语在句子中的语法功能，如名词、动词、形容词等。Jieba 使用预先训练好的模型，根据词语的上下文自动进行词性标注，为用户提供更丰富的文本分析信息。

Jieba 的词性标注方法很简单，使用 jieba.posseg 模块来进行词性标注。所以在使用词性标注前一定要先导入 jieba.posseg 模块。

如对文本"我喜欢天门山景区"进行词性标注，具体代码为：

```
# 导入 jieba 和 jieba.posseg
import jieba
import jieba.posseg as pseg

# 词性标注文本
text = "我喜欢天门山景区"

# 使用 jieba 进行词性标注
words = pseg.cut(text)

# 输出每个词语及其词性标注
for word, flag in words:
    print(f"{word}/{flag}")
```

代码执行后，运行结果如图 6-10 所示。

我/r
喜欢/v
天门山/ns
景区/n

图 6-10　词性标注结果

代码中，words = pseg.cut(text)，pseg.cut 方法会对文本进行分词和词性标注，返回一个生成器，迭代这个生成器可以得到每个词语及其对应的词性标签。因为这里需要进行词性标注，所以不能使用代码 words = jieba.cut(text,cut_all= false)，该语句只进行文本分词，不能进行词性标注。

运行结果，r 代表代词，v 代表动词，ns 代表地名，n 代表名词。这些字母表示的词性和英语里每个单词的词性所用的字母表示方法基本一致。

5. 使用 WordCloud 和 jieba 实现旅游文本处理

前面一一介绍了文本预处理的过程，现以文本"重庆的景点有许多了，比如大足石刻啊、天生三桥啦、仙女山啊、芙蓉洞了、桃花源呢、黑山谷啊、金佛山、四面山、濯水景区啊、武陵山大裂谷了、阿依河了等等。"为例，该文本以文本文档 chongq_text.txt 已存在 D 盘 external_data 文件夹中，只需要读取该文件即可。

编写代码实现功能要求：从 chongq_text.txt 读取文本，去除停用词，停用词在代码中直接设置，使用精确模式进行文本分词，使用 jieba.posseg 实现对原始文本进行词性标注并打印结果，最后生成词云图并显示，将词云图保存在 D 盘 external_data 文件夹中，命名为 pywordcloud−6.png。

具体代码为：

```python
# 导入相关库
import jieba
import jieba.posseg as pseg
from wordcloud import WordCloud
import matplotlib.pyplot as plt


# 读取文本
f = open('D:\\external_data\\chongq_text.txt', encoding='utf-8')
text_data = f.read()
# 自定义停用词列表
stopwords = set(["的", "了", "啊", "啦", "呢", "比如", "许多",
        "、", "，"])


# 使用精确模式进行分词
seg_list = jieba.cut(text_data, cut_all=False)


# 去除停用词, 忽略单字 (通常是停用词)
filtered_words = [word for word in seg_list
        if word not in stopwords and len(word) > 1]


# 词性标注
words_with_pos = list(pseg.cut(text_data))
print("词性标注结果 :")
for word, flag in words_with_pos:
    print(f'{word}/{flag}', end=' ')


# 生成词云图
```

```
wdc2 = WordCloud(font_path='C:/Windows/Fonts/simkai.ttf',
          background_color='white',
          width=8000,
          height=400)
wdc2.generate(" ".join(filtered_words))

# 显示词云图
plt.figure(figsize=(10, 5))
plt.imshow(wdc2, interpolation='bilinear')
plt.axis('off')    # 不显示坐标轴
plt.show()

# 保存词云图
wdc2.to_file("D:/external_data/pywordcloud-6.png")
```

代码执行后，运行结果如图 6-11 所示。

图 6-11　使用 Jieba 和 WordCloud 实现旅游文本处理的结果

代码中，词性标注段主要实现的是对原始文本进行词性标注，在实际应用中没有太大的意义，这里主要是打印出来看看结果。

```
# 词性标注
words_with_pos = list(pseg.cut(text_data))
print("词性标注结果:")
for word, flag in words_with_pos:
    print(f'{word}/{flag}', end=' ')
```

| 拓展练习 |

现收集了一组中文旅游评论，以下是一些评论的文本：

"北京的故宫历史悠久，天安门等标志性地标令人印象深刻。

海南的风景令人叹为观止，美丽的海滩和友好的当地人。

厦门的鼓浪屿是不容错过的，这个城市文化活力四射。

上海的陆家嘴将传统与现代完美融合，充满魅力。

香港是不夜城，有太多值得一看的地方。"

完成以下操作：

（1）使用 Jieba 进行中文分词，并去除停用词。

（2）使用 WordCloud 库和 Jieba 库创建一个中文词云图，展示这些评论中最常出现的中文词汇。

（3）设置词云图的背景颜色为浅灰色，并选择"微软雅黑"为中文的字体。

项目七 使用 Python 完成旅游数据分析与可视化

◆ **知识目标**

1. 能描述数据分析的一般流程。
2. 能描述数据可视化的使用方法。

◆ **能力目标**

1. 能够使用 Pandas 处理数据。
2. 能够使用 Matplotlib 对数据进行可视化操作。

◆ **素质目标**

1. 在使用 Pandas 处理数据的过程中，培养对数据的敏感度，能够快速发现数据中的规律和异常。
2. 通过 Matplotlib 进行数据可视化操作，提高对数据可视化工具的应用能力，增强数据表达和沟通的效果。
3. 在数据处理和可视化的过程中，锻炼逻辑思维能力，提高分析和解决问题的综合素质。

—— 任务一　使用 Python 完成综合实战 ——

｜任务导入｜

小肖已经对数据分析与可视化相关内容比较熟悉，现在他需要完成一个关于旅游数据的综合实训，任务要求如下：

1. 能够对数据进行读取、筛选、修改和排序；

2. 能够对数据进行可视化操作。

随着经济的快速发展，旅游已成为人们节假日休闲娱乐的首选活动。上海作为我国重要的窗口城市，拥有众多著名的旅游景区，如外滩、东方明珠、豫园、迪士尼乐园等，深受游客喜爱。为了更好地了解游客对上海景区的评价，本项目利用去哪儿网旅游平台的公开数据。通过对这些数据进行数据处理和可视化分析，以图表的形式呈现游客对各个景区的评价情况，帮助游客更全面地了解景区特色和受欢迎程度，方便游客制定行程规划，为游客提供更直观的参考。

｜任务实施｜

1. 数据来源

获取网上公开的数据，主要为上海市各旅游景点的经纬度、景区名称、点评数、星级、攻略提到的次数等信息，将此数据（数据获取时间为 2024 年 7 月 28 日）保存到本地，保存的路径及文件名：D:\external_data\lvyou.csv。部分数据如图 7-1 所示。

2. 数据处理

（1）数据读取及拆分

将准备好的数据，使用 Pandas 库读取 lvyou.csv 文件，将读取的文件拆成两个文件，一个文件用来存储经纬度和景区名称，一个文件用来存储景区名称、攻略提到的数量、点评数，星级。

步骤 1，读取文件 lvyou.csv 数据，并将前 10 条数据显示出来。

图 7-1　上海部分旅游景区数据

具体代码为：

```
import pandas as pd

# 读取 lvyou.csv 数据到数据框 data
data=pd.read_csv('D:\external_data\\lvyou.csv')
data.head(10)
```

代码执行后，结果如图 7-2 所示。

	lat	lng	景点名称	攻略提到的数量	点评数	星级
0	31.061380	121.727995	上海野生动物园Shanghai Wild Animal Park	14	23130	94%
1	31.211648	121.509340	黄浦滨江Huangpu Binjiang	0	50	92%
2	31.229013	121.484025	淮海公园Huaihai Park	2	227	90%
3	31.238252	121.479656	人民公园Shanghai People's Park	11	661	92%
4	31.148267	121.671964	上海迪士尼度假区Shanghai Disney Resort	151	33362	94%
5	31.243453	121.497204	外滩The Bund	492	48701	96%
6	31.213621	121.446360	武康路Wukang Road	33	432	94%
7	31.245417	121.506350	东方明珠Oriental Pearl Radio & Television Tower	229	47217	94%
8	31.232396	121.497994	城隍庙旅游区Shanghai City God Temple Tourist Area	30	5643	94%
9	31.232431	121.499090	豫园Yu Garden	181	10350	94%

图 7-2　data 前 10 条数据

步骤 2，拆分数据，一个文件保存为 lan_lon_shanghai.csv，另一个文件保存为 scenic_shanghai.csv。

具体代码为：

```
# 读取 lvyou.csv 数据的前三列到数据框 data0
data0=pd.read_csv('D:\external_data\\lvyou.csv',usecols=[0,1,2])

# 更改列名"景点名称"为"name"
data0.rename(columns={'景点名称':'name'},inplace=True)
# 保存 data0 数据到文件 lan_lon_shanghai.csv
data0.to_csv('D:\external_data\\lan_lon_shanghai.csv',index=0)

# 删除 data 里的 2 列 'lat' 和 'lng'
data1=data.drop(['lat','lng'],axis=1)
# 保存 data1 数据到 scenic_shanghai.csv
data1.to_csv('D:\external_data\\scenic_shanghai.csv',index=0)
data0.head(10)
```

代码运行后，会在 D:\external_data 文件夹里生成文件 lan_lon_shanghai.csv 和 scenic_shanghai.csv，同时，显示 data0 前 10 条的数据，结果如图 7-3 所示。

	lat	lng	name
0	31.061380	121.727995	上海野生动物园Shanghai Wild Animal Park
1	31.211648	121.509340	黄浦滨江Huangpu Binjiang
2	31.229013	121.484025	淮海公园Huaihai Park
3	31.238252	121.479656	人民公园Shanghai People's Park
4	31.148267	121.671964	上海迪士尼度假区Shanghai Disney Resort
5	31.243453	121.497204	外滩The Bund
6	31.213621	121.446360	武康路Wukang Road
7	31.245417	121.506350	东方明珠Oriental Pearl Radio & Television Tower
8	31.232396	121.497994	城隍庙旅游区Shanghai City God Temple Tourist Area
9	31.232431	121.499090	豫园Yu Garden

图 7-3　data0 前 10 条数据

显示 data1 前 10 条的数据，代码为：

```
data1.head(10)
```

显示 data1 前 10 条的数据，结果如图 7-4 所示。

（2）数据筛选

读取 scenic_shanghai.csv 数据，从中筛选出"攻略提到数量"大于 150 的景点。具体代码为：

	景点名称	攻略提到的数量	点评数	星级
0	上海野生动物园Shanghai Wild Animal Park	14	23130	94%
1	黄浦滨江Huangpu Binjiang	0	50	92%
2	淮海公园Huaihai Park	2	227	90%
3	人民公园Shanghai People's Park	11	661	92%
4	上海迪士尼度假区Shanghai Disney Resort	151	33362	94%
5	外滩The Bund	492	48701	96%
6	武康路Wukang Road	33	432	94%
7	东方明珠Oriental Pearl Radio & Television Tower	229	47217	94%
8	城隍庙旅游区Shanghai City God Temple Tourist Area	30	5643	94%
9	豫园Yu Garden	181	10350	94%

图 7-4　data1 前 10 条数据

```
import pandas as pd
# 读取 scenic_shanghai.csv 数据到数据框 data3
data3=pd.read_csv('D:\external_data\\scenic_shanghai.csv')

# 提取攻略提到次数大于 150 的景点
data4=data3[data3[' 攻略提到的数量 ']>150]

# 将满足条件的数据存到文件 shanghai_strategy.csv 中
data4.to_csv('D:\external_data\\shanghai_strategy.csv',index=0)
data4
```

代码执行后，首先读取 scenic_shanghai.csv 数据到数据框 data3 中，接着从中筛选出"攻略提到数量"大于 150 的景区数据到数据框 data4 中，然后将数据框 data4 存入文件 shanghai_strategy.csv。因此，在 D:\external_data 文件夹里生成文件 shanghai_strategy.csv。最后，显示 data4 的数据如图 7-5 所示。

（3）修改数据

读取文件 shanghai_strategy.csv，去除所有景区名称中的英文，只保留中文，如"外滩 The Bund"，修改后应为"外滩"。这里一共只有四个值需要修改，则使用 df.replace() 来实现。

具体代码为：

	景点名称	攻略提到的数量	点评数	星级
4	上海迪士尼度假区Shanghai Disney Resort	151	33362	94%
5	外滩The Bund	492	48701	96%
7	东方明珠Oriental Pearl Radio & Television Tower	229	47217	94%
9	豫园Yu Garden	181	10350	94%
12	田子坊Tianzifang	216	3395	88%
18	上海城隍庙道观City God Temple of Shanghai	214	2083	92%

图 7-5 筛选出的数据

```
import pandas as pd

# 读取 scenic_shanghai.csv 数据到数据框 df
df=pd.read_csv('D:\external_data\\shanghai_strategy.csv')

# 修改景点名称，只保留中文名称
df['景点名称'].replace('外滩 The Bund','外滩',inplace=True)
df['景点名称'].replace('上海城隍庙道观 City God Temple of Shanghai',
        '上海城隍庙道观',inplace=True)
df['景点名称'].replace('东方明珠 Oriental Pearl Radio & Television Tower',
        '东方明珠',inplace=True)
df['景点名称'].replace('田子坊 Tianzifang','田子坊',inplace=True)
df['景点名称'].replace('上海迪士尼度假区 Shanghai Disney Resort',
        '上海迪士尼度假区',inplace=True)
df['景点名称'].replace('豫园 Yu Garden','豫园',inplace=True)

# 将修改后的数据存到文件 shanghai_strategy2.csv
df.to_csv('D:\external_data\\shanghai_strategy2.csv',index=0)
df
```

代码执行后，可以发现在 D:\external_data 文件夹中会多出一个文件，文件名为 shanghai_strategy2.csv，同时，显示的结果如图 7-6 所示。

（4）数据排序

读取文件 shanghai_strategy2.csv，对此文件里的数据进行排序，按照关键字"攻略提到的数量"的升序排序。具体代码为：

	景点名称	攻略提到的数量	点评数	星级
0	上海迪士尼度假区	151	33362	94%
1	外滩	492	48701	96%
2	东方明珠	229	47217	94%
3	豫园	181	10350	94%
4	田子坊	216	3395	88%
5	上海城隍庙道观	214	2083	92%

图 7-6　修改数据后的结果

```
import pandas as pd

# 读取 scenic_shanghai.csv 数据到数据框 df1
df1=pd.read_csv('D:\external_data\\shanghai_strategy2.csv')

df1.sort_values(by=' 攻略提到的数量 ',axis=0,inplace=True)
df1.to_csv('D:\external_data\\shanghai_sort_values.csv',index=0)
df1
```

代码运行后，显示的结果如图 7-7 所示。

	景点名称	攻略提到的数量	点评数	星级
0	上海迪士尼度假区	151	33362	94%
3	豫园	181	10350	94%
5	上海城隍庙道观	214	2083	92%
4	田子坊	216	3395	88%
2	东方明珠	229	47217	94%
1	外滩	492	48701	96%

图 7-7　排序后的数据

同时，也可以在 D:\external_data 文件夹中发现多出一个文件，文件名为 shanghai_sort_values.csv。该文件里存储的就是排序后的数据。

3. 数据可视化

（1）使用排序后的数据绘制条形图

经过前期对数据的读取、拆分、筛选、修改和排序，发现各景区在攻略中被提到次数与各景区被点评数量并不存在直接关系，在对筛选的数据排序后，可用条形图来清晰地展示各景区的点评数据。

具体代码为：

```python
import pandas as pd
import matplotlib
import matplotlib.pyplot as plt

# 设置中文字体
matplotlib.rc('font', family='Microsoft YaHei')

# 读取 shanghai_sort_values.csv 数据到数据框 df2
df2=pd.read_csv('D:\\external_data\\shanghai_sort_values.csv')

# 绘制条形图
plt.figure(figsize=(10,6))
plt.barh(df2[' 景点名称 '],df2[' 点评数 '],align='center',
        color='b',alpha=0.6)

# 添加标题与 X 轴 Y 轴标签
plt.ylabel(' 景点名称 ')
plt.title(' 上海景点名称与点评数条形图 ')
plt.xlabel(' 点评数 ')

# 显示网络线
plt.grid(True,axis='x',ls=':',color='b',alpha=0.5)

# 保存图片
plt.savefig('D:\\external_data\\barhphoto.png')

# 显示图片
plt.show()
```

代码运行后，绘制的条形图会保存在 D:\external_data 文件夹中，命名为 barhphoto.png，同时条形图也会显示出来，如图 7-8 所示。

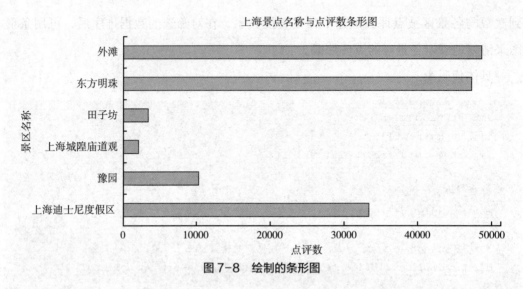

图 7-8　绘制的条形图

（2）使用排序后的数据绘制饼图

为了直观的看出各景区在攻略被提到的数量在全部数量中的比例，现使用排序后的数据，以攻略提到数量为依据，绘制饼图以展示各景区攻略提到数量占总数量的比例。具体代码为：

```python
import pandas as pd
import matplotlib
import matplotlib.pyplot as plt
import numpy as np

# 设置中文字体
matplotlib.rc('font', family='Microsoft YaHei')

# 读取 shanghai_sort_values.csv 数据到数据框 df3
df3=pd.read_csv('D:\\external_data\\shanghai_sort_values.csv')

# 分裂显示占比数据
explode = (0, 0, 0, 0, 0, 0.1)
colors = ['gold', 'yellowgreen', 'lightcoral',
      'lightblue','red','orange']

# 绘制饼图
df3=np.array(df3)
```

```
plt.pie(df3[:,1],labels=df3[:,0],explode=explode,
        autopct='%1.1f%%',colors=colors,startangle=140)

# 添加标题
plt.title(' 各景区攻略提到数量占比饼图 ')

# 保存图片
plt.savefig('D:\\external_data\\piephoto.png')

# 显示图片
plt.show()
```

代码运行后，绘制的饼图会保存在 D:\external_data 文件夹中，命名为 piephoto.png，同时饼图也会显示出来，如图 7-9 所示。

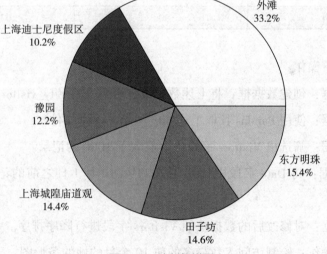

图 7-9 绘制的饼图

4. 结果解释

本项目从数据的来源、数据处理，包括数据的读取、拆分、筛选、修改和排序，以及数据可视化操作等方面对获取的上海旅游景区公开数据进行分析，这一系统操作为游客提供更全面、直观的上海旅游景区信息，帮助游客更好地了解景区特色和受欢迎程度，并制订更合理的行程规划。同时，本项目也为旅游景区管理者提供参考，帮助他们了解游客需求，提升服务质量，吸引更多游客。

|拓展练习|

现有城市到访游客数据集：

Destination	Visitors	Date
北京	1200	2023-07-15
上海	950	2023-06-20
广州	1500	2024-01-01
深圳	800	2022-04-22
西安	1100	2023-09-01
成都	1300	2024-05-10
杭州	1400	2023-08-05
重庆	1600	2024-02-15
武汉	1700	2023-12-31
苏州	900	2024-07-20

请完成以下操作：

1. 保存数据：创建数据框，将上述数据集保存到文件 city_visitors.csv

2. 读取数据：使用 Pandas 读取上述 city_visitors.csv 文件。

3. 筛选数据：筛选出 Visitors 字段中数值大于 1000 的记录。

4. 修改数据：将 Date 字段中日期在 2023 年 10 月 1 日之前的记录的 Visitors 数值增加 10%。

5. 排序数据：对修改后的数据按照 Visitors 字段进行降序排序。

6. 可视化操作：绘制访问人数最多的前 10 个目的地的条形图。

参考文献

［1］高春艳，刘志铭．Python 数据分析从入门到实践［M］．长春：吉林大学出版社，2020.

［2］黑马程序员．Python 数据分析与应用：从数据获取到可视化［M］．北京：中国铁道出版社，2019.

［3］张俊红．对比 Excel，轻松学习 Python 数据分析［M］．北京：电子工业出版社，2019.

［4］刘凯洋，刘小华，海龙．Python 数据分析项目式［M］．北京：人民邮电出版社，2022.

［5］刘礼培，张良均．Python 数据可视化实战［M］．北京：人民邮电出版社，2022.

［6］CSDN 博客．Seaborn 入门指南：初学者必知的 Python 数据可视化库［EB/OL］．https://blog.csdn.net/qq_41387939/article/details/134746089.

［7］腾讯云开发者社区．一个基于 Matplotlib 的 Python 数据可视化库：Seaborn［EB/OL］．https://cloud.tencent.com/developer/article/2299592.

［8］百家号．数据可视化：它是什么，它为什么重要？［EB/OL］．https://baijiahao.baidu.com/s?id=1780890028947219619&wfr=spider&for=pc.

［9］CSDN 博客．Python 的 Matplotlib 库：数据可视化的利器［EB/OL］．https://blog.csdn.net/weixin_49097920/article/details/133983011.

［10］CSDN 博客．Python NumPy 库详解［EB/OL］．https://blog.csdn.net/xiangxi1204/article/details/ 139639296.

［11］W3Cschool．NumPy：Python 的强大数值计算库［EB/OL］．https://m.w3cschool.cn/article/ 54625166.html.

［12］腾讯云开发者社区. 深入学习 NumPy 库在数据分析中的应用场景［EB/OL］. https://cloud.tencent.com/developer/article/2392871

［13］CSDN 博客. 认识 Pandas［EB/OL］. https://blog.csdn.net/xiaoyang01234/article/details/133078500.

［14］CSDN 博客. Python 数据分析—Pandas 数据结构详讲［EB/OL］. https://blog.csdn.net/weixin_ 50804299/article/details/137273539.

［15］CSDN 博客. 数据分析——数据分析是什么？［EB/OL］. https://blog.csdn.net/qq_52007481/article/details/122410856.

［16］IT 之家. TIOBE 发布 4 月编程指数排行榜［EB/OL］. https://www.ithome.com/0/760/873.htm.

［17］https://travel.qunar.com/p-cs22121878-shanghai-jingdian

项目策划：张文广
项目统筹：谯　洁
责任编辑：高子梦
责任印制：冯冬青
封面设计：中文天地

图书在版编目（CIP）数据

旅游大数据分析与可视化 / 吕春丽，郑健江主编；
梁赞，吴安顺副主编 . -- 北京：中国旅游出版社，
2025. 4. -- ISBN 978-7-5032-7521-0

Ⅰ. F59-39

中国国家版本馆 CIP 数据核字第 20252GY898 号

书　　名：旅游大数据分析与可视化

作　　者：吕春丽，郑健江主编；梁赞，吴安顺副主编
出版发行：中国旅游出版社
　　　　　（北京静安东里 6 号　邮编：100028）
　　　　　https：//www.cttp.net.cn　E-mail：cttp@mct.gov.cn
　　　　　营销中心电话：010-57377103，010-57377106
　　　　　读者服务部电话：010-57377107
排　　版：北京中文天地文化艺术有限公司
印　　刷：北京明恒达印务有限公司
版　　次：2025 年 4 月第 1 版　2025 年 4 月第 1 次印刷
开　　本：787 毫米 × 1092 毫米　1/16
印　　张：14.5
字　　数：233 千
定　　价：42.00 元
Ｉ Ｓ Ｂ Ｎ　978-7-5032-7521-0